시절산문

002

제목 없는 나날

안윤

시절의 물방울 하나를 이곳에

떨어뜨린다

겨울에서 봄으로 오늘에서 내일로

나에게서 당신에게로

꼬르륵 소르르

새어 나가는

자그맣고 동글한 그리움의 덩이

잠시 반짝일까

이 속에서 마주친

우리가

2025년 봄

안윤

해 질 녘, 서쪽으로 간다.

서울의 동쪽 끝에서 출발한 간선 버스가 도심을 가로질러 서쪽 끝으로 향한다. 분명 수평으로 달리고 있는데, 나는 낙하하는 감각을 느낀다. 한 시간 반 남짓 동안 차창 너머에서는 석양빛이 들이치고 땅거미가 지고 부슬비가 흩뿌린다. 재생시켜 놓은 영상을 바라볼 때처럼 유리창을 스쳐 지나가는 풍경을 건너다본다. 가만히.

어느 틈에 도시가 온통 야단스럽게 빛나기 시작한다. 거리의 휘황한 간판과 신호등, 자동차의 전조등과 후미등의 희고 붉은 불빛들, 밤비에 젖은 노면이 그 모든 불빛을 반사한다. 성긴 빗줄기가 바닥으로 떨어진다. 빛으로 된 먼지 같다.

환한 것들의 가장자리가 몹시 어둡다.
오늘의 마음은 이미 그곳에 숨어들어 있다.

집으로 돌아와 내가 가장 먼저 하는 일은
전등 스위치를 켜는 것

서울 서쪽 끝에는 매일 저녁 해를 배웅하는 동네가 있고, 그 오래된 동네에 내가 사는 낡고 작은 집이 있다. 낡고 작은 집에는 나의 자그마한 방이 방에 꼭 맞는 자그마한 어둠을 품은 채 웅크리고 있다. 기진한 몸을 끌고 집에 도착해 방 한구석에 몸을 누이면 자그마한 방은 더이상 혼자가 아니게 되고, 나는 온전히 혼자가 된다.

나의 쓸모는 그 정도인지도

자그마한 방에 불을 밝히는 것

방을 혼자 두지 않는 것

다들 각자 자기만의 전쟁을 하며 산다는데

그렇다는데

나는 괜스레 문지방을 밟고 서서

전등 스위치를 껐다 켰다 하며 중얼거린다

그렇다는데, 그렇다는데

태어난 김에 산다.

어릴 적에는 이해할 수가 없었다. 태어났으니 산다니. 수동적이고 냉소적인 태도라고, 자포자기와 다르지 않다고 여겼다. 단 한 번뿐인 인생이지 않은가. 뚜렷한 이유가, 분명한 목적이나 의미가 있을 거라고 믿었다. 단지, 그것이 무엇인지 아직 찾지 못했을 뿐이라고. 아무런 이유도 없이 태어난다는 건, 삶이 그저 우연으로 빚어진 사건에 불과하다는 건 말도 안 된다고 생각했다. 당시 나의 세계에서는 의심할 여지가 없는 하나의 단단한 진실이었다.

그러나 삶은, 너무도 쉽게 진실을 깨뜨린다. 전부라고 여겼던 나의 세계를 가차없이 깨부순다. 그것도 여러 번. 돌이켜 보면 이번 생에서 그렇게 깨지고 부서질 수 있었던 것은 행운이다.

내게 주어진 고약하고 얄궂은 행운.

우리는 세상으로 나올 때 자기 삶의 토대를 이루는 중요한 조건들을 무엇 하나 선택할 수가 없다. 성별, 인종, 국가, 부모, 가족, 외모, 장애 유무 등 그 무엇도 우리 의사에 따라 결정되지 않는다. 한마디로, 현재의 자기 자신으로 태어나기로 선택한 사람은 아무도 없다는 것.

우리는 그저 주어졌다. 애초에 뚜렷한 인과가 성립될 수 없는 조건 속에서, 우연히 만들어진 삶의 여러 조건에 의해서 한 사람의 '나'로 살아가도록. 그게 전부다. 그 자체가 삶의 이유이자 목적이자 의미, '나'로 태어나 '나'로 죽는 것.

우리는 불만족하고 미워하고 비웃고 저항하고 깨지고 헤매고 변화한다. 자신을 기만하고 후회하고 넘어지고 장담하고 착각하고 뒤통수를 맞는다. 우리는 끝내, 결국 되돌아온다, 받아들인다. 완전무결한 우연으로, 우주의 찰나로, 자기 자신으로. 태어난 김에 산다는 문장 앞으로.

생일 축하해.

아침 일기 마지막 줄에 그렇게 썼다. 한 글자씩 꾹꾹 눌러쓰면서 속으로 중얼거렸다.

너도 내 나이가 되었겠지, 살아 있었다면.

우리는 동갑이지만 늙어 가는 건 나뿐이다. 어느 하루를 기점으로 더는 나이 들지 않는 사람. 그런 사람을 떠올리는 일이 예전만큼 슬프지만은 않다. 지금 이곳에 내가 살아 숨 쉬고 있다는 것, 늙지 않는 존재가 내 안에 고스란히 간직되어 있다는 것, 그 사실이 어떻게 슬프기만 할까.

어제에 이어 오늘도 비가 내린다.

네가 떠나가던 날에도 비가 왔었지. 흔하게 쓰이는 노랫말처럼 다소 상투적인 말로 나는 내 경험과 기억의 유일성을 희석한다. 그건 내가 삶을 견뎌 내는 방식 중 하나다. 돌파가 아닌 희석.

슬픔에 시간을 더하여 슬픔을 묽게 한다.
아주 조금씩, 아주 천천히.

시간은 내게 일종의 순도 높은 용매, 나는 시간이 녹아든 용액이다. 수많은 시간이 내게로 녹아들면, 종내 나는 시간 자체에 이르게 될까.
나쁘지 않겠다. 나의 끝이 나라는 시간이 아니라, 시간 자체가 되는 것도.

세상에 없는 사람의 마지막을 기억하는 일.

마지막뿐 아니라 시작을 기억하고 그의 생일을 축하하는 일.

죽은 사람에게 말을 건네는 일.

슬픔은 조금씩 묽어져도, 슬픈 습성은 좀처럼 묽어지지 않는다.

창밖에서는 쉼 없이 차가운 비가 쏟아진다. 나는 투명한 그 빗줄기들을 두 눈 가득 담는다.

이 순간, 내게로 녹아드는 시간을.

반듯하게 누운 몸이 자그마하다. 몸집이 꼭 잠시 잠들어 있는 아이 같다. 수의가 다 헐렁하다고, 관이 너무 커 보인다고 이모들이 젖은 목소리로 한마디씩 한다.

 아이고, 이래 작았나.

 외할머니 곁에 가족들이 둘러선다. 장미 꽃잎을 한 줌씩 집어 작은 몸 위에 천천히 뿌린다. 붉은 꽃잎이 수의 위로 뚝뚝 떨어진다. 한 사람씩 돌아가며 외할머니의 손을 만져보고 발을 쓰다듬어본다. 관을 둘러싸고 서서 기도를 올린다. 그렇게 외할머니를 영원히 떠나보낸다. 관을 닫기 전에 엄마가 목놓아 운다.

엄마, 잘 가.

화장터에서 외할머니 영정사진 옆에 놓인 수많은 이들이 영정사진을 본다. 여기저기서 울부짖는 소리가 들려온다. 가지 말라고, 이제 어떡하느냐는 고함과 울음. 밖에서는 가을비답지 않은 차가운 폭우가 쏟아진다. 굵은 빗줄기 속에서 영구차가 끊임없이 주차장으로 들어온다.

유족들이 뒤섞인 대기실은 몹시 소란스럽고 동시에 쓸쓸하다. 모두 검은 옷을 입고 실내를 서성인다. 대리석 바닥은 빗물이 묻어 번들번들하다. 대기실 한쪽에 마련된 카페에서 검은 옷을 입은 사람들이 짙고 뜨거운 커피를 삼킨다.

엄마 옆에 앉아 외할머니의 화장이 끝나기를 기다린다. 엄마는 큰이모와 엄마의 사촌들과 옛이야기를 하는 중이다.

맞나, 아이다, 맞다. 파마머리를 한 다섯 명의 여인들은 금세 소녀의 얼굴이 된다.

언니 니는 별걸 다 기억하네.

영정사진 위 모니터를 통해 화장 가마 입구가 보인다. 화장이 끝나면 표시등이 켜진다고 했다.

백 살 생일을 맞고 사십 일일이 지난 후에 외할머니는 영면했다.

떠나기 한 달 전쯤부터 서서히 음식을 먹지 못하게 됐다. 씹기 어려웠던 것이 삼키기조차 어렵게 됐고 몸은 조금씩 말라 갔다. 매일같이 쓰던 일기도 힘에 부쳐서 쓸 수 없게 됐다. 마지막으로 통화했을 때, 외할머니가 하는 말을 나는 거의 알아들을 수 없었다.

니는 잘 있나? 그래, 내는 잘 있다.

잘 듣지는 못해도 늘 내게 그렇게 말해줬었는데, 그 말만은 분명하게 발음했었는데, 그날은 도통 무슨 말을 하는지 알아들을 수가 없었다.

엄마가 챙겨온 외할머니의 마지막 일기장에는 서서히 흐려져 가는 한 사람이 고스란히 남아 있다. 삐뚤빼뚤하고 흐릿한 글씨로, 알아들을 수 없는 말들로.

표시등은 아직 들어오지 않는다.

장례식장에는 사흘 동안 수많은 조문객이 방문했다. 오래전 만났던 친척 어른들, 촌수도 알기 어려운 먼 친척들, 외삼촌과 이모들, 엄마의 지인들이 먼 곳에서 찾아왔다. 백 세를 누리고 가시다니 참 대단하시다고, 오래 안 아프시고 복되게 가셨다고들 말했다. 그러면 외가 식구들은 고개를 끄덕였다. 엄마와 어릴 적 한동네에 살았다는 친구분은 엄마 손을 덥석 잡으며 말했다.

애 마이 썼제. 요즘은 죽는 것도 다 돈이제.

내가 기억하는 외할머니의 모습은 처음부터 할머니였다. 얼굴에 검버섯이 피고 허리가 굽어 있었고, 이미 백발이었다. 부산이나 경주, 울산 비교적 외할머니와 가까운 지역에 사는 다른 자식들과 달리 엄마만 혼자 서울에 살았기 때문에 외할머니에게 둘째 딸네는 자주 보지 못해 애틋한 핏줄이었다. 나를 보면 늘 하던 말.

내가 니를 또 언제 보겠노.

그 말을 처음 듣고 난 십 년 뒤에도, 삼십 년 뒤에도 외할머니는 변함없이 할머니로 있었다.

조금씩 작아지고 약해지면서.

표시등이 켜진다. 우리는 유골함을 받으러 일어선다. 영정사진을 앞세우고 일렬로 뒤따른다. 유리 벽 뒤에서 직원이 뼛가루를 유골함으로 옮겨 담는다. 백 년을 넘게 살다 간 한 사람의 육체가 누르스름한 빛깔의 고운 가루가 되었다. 조래 쪼끔이가. 큰이모가 손등으로 코밑을 훔친다. 흰 보자기로 유골함을 싸는 직원의 손끝에 모두의 시선이 고정된다. 매듭을 묶는 손길이 참하고 야무지다. 다들 아무런 말 없이 쳐다만 본다.

수목장을 마치고 돌아오는 길, 산을 다 내려오고 나서야 끈질기게 내리던 비가 그친다. 장지까지 따라나선 사람들의 신발과 바짓자락이 죄 진흙투성이다. 비 온 뒤라 그런지 바람이 한결 차갑다. 뜨끈한 국물이라도 먹고 돌아가자는 말들이 나와 산 밑에서 비교적 가까운 갈비탕집으로 향한다. 펄펄 김이 오르는 뚝배기 앞에 앉는다. 말간 국물 안에 큼직큼직한 고기가 인심 좋게 들어있지만 잘 먹히지 않는다. 연거푸 국물만 떠서 삼킨다. 추위에 떨었던 몸이 따뜻해진다. 서서히 녹는다. 뒤늦게 허기가 밀려온다. 아까보다 입맛이 당긴다.

그 모든 게 죄스럽게 느껴진다.

맞은편 자리에 앉은 엄마를 본다. 젓가락으로 깍두기를 집어 올려 입 속에 들이민다. 한참을 우물우물 씹는다. 국물에 만 밥도 한술 떠 후루룩 삼킨다. 그런 엄마 얼굴을 가만히 건너다본다. 엄마, 잘 가. 떨리는 목소리로 그렇게 말하던 엄마를. 엄마를 떠나보낸 엄마를.

엄마는 동영상으로 남겨놓은 외할머니 모습을 자주 재생시켜 본다. 영상 속에서 외할머니는 노래를 부르고 손짓을 하고 온 얼굴로 웃는다.

내게도 아직 선명하게 남아 있다. 전화기 너머로 들려

오던 외할머니 숨소리가, 목소리가.

니는 잘 있나? 그래, 내는 잘 있다.

할메, 내도 잘 있다.

언젠가,
외할머니가 내게 준 것들에 관해 긴 이야기를 쓸 수 있는 날이 올까. 외할머니는 준 적 없지만 내게 남기고 간 것들에 관해서도.

그것들을 쓰려면, 엄마에 관해서도 써야만 한다. 쓸 수밖에 없다.
그럴 수 있을까.

그런 날이 올까.

오고야 말까.

언제쯤일까.

영영, 쓸 수 없을 것만 같다. 영영 쓰고 싶지 않은 것도 같다. 꼭 한번은 쓰고야 말게 될 것 같아서.

일 년 전 오늘이었다.

바람이 제법 차가웠던 가을밤, 택시에서 내린 우리의 얼굴은 단단하게 굳어 있었다. 말을 아끼며 서로의 그림자 곁을 서성이던 시간도 잠시, 우리는 어서 들어가 쉬라고, 잘 가라고 인사를 나누고 횡단보도 앞에서 헤어졌다. 어깨를 떨며 각자가 가야 할 방향으로 뒤돌아 걸어 나갔다.

그렇게 멀어졌다, 간단하게. 그 후로 우리는 서로의 안부를 묻지 않은 채로 지낸다. 그러나 그 사실은 그렇게 간단하지가 않다.

어디로 갔을까, 다

어디에 모여 있나

할 수 없게 된, 아끼다 미뤄진 말들은

어떤 말은 아주 영영 미루어진다.

모든 것을 말할 수는 없다는 이유로.

지인의 모친상 장례식장에 다녀온 늦은 밤, 엄마에게 전화가 걸려 왔다. 휴대폰 저편에서 잠이 묻은 목소리로 이런저런 안부를 묻는다. 주문이 많으냐(엄마는 원고 청탁을 자꾸 주문이라고 한다), 뭘 먹고 사느냐(매번 빠지지 않는 질문), 맨날 그렇게 앉아서만 일하면 허리가 남아나느냐고 한다. 안부는 스리슬쩍 걱정으로 넘어간다.

대충 살아.

불쑥 그렇게 뱉어 놓고 뭐가 우스운지 프흐흐 웃는 엄마. 너무 애쓰지 말라고 덧붙인다. 프흐흐, 나도 엄마를 따라

웃어 본다. 맞아, 엄마는 그런 사람이었지. 사춘기에 접어든 내가 밤늦도록 뭔가를 그리고, 쓰고, 그 무언가들을 죄다 숨기며 비밀로 만들고 있을 때마다 등 뒤에서 방문을 빼꼼히 열고 적당히 하라고, 이제 그만하고 자라고, 오늘처럼 잠이 묻은 목소리로 속삭이던 사람. 대충 산 적도, 대충 사는 게 무엇인지 알 기회조차 없었던 사람. 그래서일까.

이따금 지금의 내 나이와 내 나이였던 엄마를 포개어 본다. 엄마와 나는 무엇 하나 같거나 들어맞지 않는다. 내 절반이 엄마에게서 왔다는 것과 오래전 우리가 한 몸이나 마찬가지였다는 것을 믿을 수 없을 만큼. 나이가 들어갈수록 나와 엄마는 점점 더 타인이 되어 간다. 완벽하다기보다는 뚜렷하게. 때때로 그 사실은 나를 한숨 돌릴 수 있게 해주고, 엄마를 한숨 쉬게 만든다.

통화 끝에 우리는 빙판길을 조심해야 한다고 서로에게

여러 번 당부한다.

대충 살아. 전화를 끊은 뒤에도 울리는, 체념과 웃음기가 절묘하게 섞인 목소리. 나는 내게로 다가오는 희미한 느낌을 있는 힘껏 뿌리친다. 고개를 돌린다. 희끗대는 그것으로부터 도주한다. 낮에 장례식장에서 보았던 지인은 말했다.

마음의 준비라는 말, 참 우습지 않아?

가을이 깊어 가는 한 달 사이, 세 번의 부고 소식을 전해 들었다.

아무리 사람이 필멸의 존재라지만, 죽음이 우리 곁에 늘 가까이에 있다고는 하지만, 연달아 접한 부고에 마음이 무거워지는 건 어쩔 도리가 없다. 내 마음 하나 무거워진다고 돌이킬 수 있는 일이 있나. 무거운 마음 하나로 대체 무엇을 할 수 있나. 무거워진 마음마저 죄스럽다.

옷장을 뒤져 검은색 옷을 찾는다. 입고 갈 마땅한 상의와 하의를 고르는 데 꽤 시간이 걸린다. 조문을 가기 전 옷장 속을 샅샅이 살필 때마다 이번에는 꼭 계절에 맞는 검은색 옷을 새로, 제대로 장만해야지 다짐하면서도 매번 미루었다. 그럴 리 없겠지만, 혹여 내 그런 행동이 어떤 불길한 징조로 작용할까 봐 내심 겁이 나서였다. 미리 정성스럽게 옷을 준비해 두고 싶은 마음과 준비 따위 영영 하고 싶지 않은 마음이 매번 충돌한다. 단정하고 깨끗한 검은 정장 한 벌을 마련하겠다는 다짐은 번번이 그 두 마음의 틈바구니에 끼이고 만다.

구색을 맞추어 상의와 하의를 차려입고 거울 앞에서 옷매무새를 가다듬는다. 서랍 안쪽에 넣어둔 검은색 새 양말을 꺼내 신는다. 집을 나서기 전 현관에서 검은색 단화를 신어 본다.

어쩌면 좋은가

이 어둠을, 이 그림자들을

뭐라도 해보려고, 마른 헝겊과 구두약을 가져온다. 헝겊에 구두약을 살짝 찍어 구두코에 문지른다. 반질반질하고 매끄러운 어둠이 드러난다. 윤이 난다, 빛이 난다, 구두코에 반짝반짝.

찰나 같은,

생 같은.

오랫동안 아주 단순한 삶을 꿈꾸었다.

정직하게 노동하고, 깨끗하고 소박한 끼니를 먹고, 밤이 되면 눕자마자 깊은 잠에 빠져드는

바라봐야 할 것을 오래도록 똑바로 바라보고, 버려야 할 것들은 미루지 않고 버리고, 화와 미움을 가까이 두지 않는

외면과 내면을 나누지 않는, 속이지 않는, 그 무엇도 설불리 우위에 두지 않는, 정념이 없는

사랑을 받기보다는 주기를 원하는, 사랑을 주면서도 주는지 모르고 그게 사랑인지조차 의식하지 않는, 모든 걸 있는 그대로 받아들이는

더는 뺄 것이 없는 삶.

늘어놓고 보니, 이미 단순과는 거리가 먼 것 같아 낯부끄럽다, 죄 욕심 같아서 죄를 짓는 기분. 꿈꾸는 게 공짜라고 설불렀나, 함부로였나. 내려놓을 수 있나, 욕심들을, 이마저도 욕심인.

어떤 경험은 기억의 변주로 닥쳐온다.

전혀 다른 계절과 장소에서
기어이 오늘을 맞이한 내게로

변주의 주제가 되는 기억이 하나 있다.
팔 년 전 초여름이었다. 정오가 조금 지난 무렵, 오후 볕이 따갑게 내리쬐고 있었다. 눈이 시어 내내 얼굴을 찡그리고 있어야 할 만큼 화창한 날이었다. 달리는 버스 안도 햇빛으로 가득했다. 누가 열어놓았는지 내 앞자리의 유리창이 반쯤 열려 있었고, 그 틈으로 사거리와 우체국, 시장 풍경, 좁은 인도에 늘어선 무성한 버즘나무들이 빠르고 선명하게 지나쳐 갔다. 곧이어 가벼우면서도 나른한 한 줄기 바람이 부드럽게 얼굴에 와닿았다. 나는 두 눈을 감았다.

참 아름답다고 생각했다. 그 평범한 오후가.

바로 그 순간, 마치 바람에 실려 떠다니던 꽃잎 하나가 우연히 가슴팍에 내려앉는 모양처럼, 사뿐히 마음 한가운데로 문장들이 내려앉았다.

이제 아무렇지도 않구나
정말 괜찮구나

네가 없구나
네 그림자조차도
현재의 내 삶 어디에도

소리 없이 울리던 은밀한 목소리.

지난 팔 년 동안 서너 번쯤 반복되었던, 아니 변주되었던 기억의 변주 하나를 오늘 또 겪는다. 오랜만에 마주친 기억-변주곡에 귀를 기울인다.

창 너머로 유영하듯 쏟아지는 눈을 지켜본다. 올해 첫눈이라 한다. 창가에 커다란 크리스마스트리가 놓인 조용한 카페. 건강검진을 받으러 온 병원 뒷골목에 자리하고 있어 우연히 발견했다. 이른 아침부터 위내시경 검사를 받고 와서인지 머리가 몽롱하다. 진한 커피와 커스터드푸딩을 기다린다. 빈속에 먹기에 적당하지 않은 것 같지만 이곳의 시그니처 메뉴라니 놓치기 아깝다. 오전 열한 시 반, 손님은 나뿐. 카페 안에는 잔잔한 캐럴이 흐른다. 얼마 후면 한 살을 더 먹게 된다. 그렇게 되었나, 벌써. 커피 그라인더가 일으키는 소란 속에서 길바닥에 떨어진 작은 눈송이가 천천히 녹는 모양을 내려다본다. 사라진다, 가만히, 받아들인다, 내게로 녹아드는 문장들을.

　상관하지 않아 더는
　너 있는 나와
　너 없는 나를
　괜찮지 않음과 괜찮음
　그 사이를
　그 모두를

십일월의 끝.

급격하게 변한 날씨, 빗금뿐인 다이어리와 텅 빈 일기장, 세 번의 부고 소식, 만나지 못한 사람들과 여전히 안부가 궁금한 이름들, 놓쳐 버린, 뜻대로 되지 않는 대부분의 일들.

지우지 못한 목록들이 있다.

여전히, 많이.

나라는 인간은 왜 끝에 가서야, 지나고 나서야 뭔가를 겨우, 정말 겨우 알아차릴까. 조금 넌더리 나는 자문.

십이월이 남아 있다.

'벌써'보다는 '아직'을 앞에 붙이고 싶은.

다시 첫날이 온다.

계엄 선포

어떤 말들은 근육으로 먼저 온다
통각으로 들려온다

턱을 악물고 주먹을 바르쥔다
떨려오는 목소리, 몸, 몸들
한 사람, 단 한 사람의 유일한 우주

시간을 거스르는 언어와 폭력 앞에서
스러져간 목숨들과 이름들을 떠올린다

갚을 길 없는 빚 위에서 숨 쉬고 있는 우리를

어떻게 잊나, 잊어버리나

어떻게

그리 함부로 침을 뱉어 버리나

감히

긴 밤이 될 것 같아.

떨리는 목소리로 말했을 때 D는 무서워하지 말라고, 걱정하지 말라고 마치 등을 토닥이듯 말했다. 걱정하지 말란다고 걱정하지 않을 수 있는 밤은 아니었지만, 우리는 걱정하지 않기로 하고 잘 자라고 서로에게 인사한 다음 전화를 끊었고 새벽 내내 둘 다 잠을 이루지 못했다. 새벽 다섯시쯤 몸을 뉘었다. 잠은 올 기미가 없었고 되레 정신이 또렷해졌다. 참지 못하고 뉴스를 검색하다가 그만두고, 얼마 전 D와 함께 갔던 해변에서 찍은 돌탑 사진을 찾아 한참을 들여다보았다. 그 밤에 목격한 용기들, 각오들, 눈빛들이 사진 속 돌탑들 같았고 그래서 조금 울고 말았다. 나를 뒤덮고 있던 분한 마음이 차갑게 식으며 단단해졌다. 이불 속에 웅크린, 숨 쉬는 화산암 하나.

왜 사람들은 돌을 보면 쌓고 싶어 할까. 내가 물었을 때 D는 눈앞에 돌탑들을 둘러보면서도 아무런 말이 없었다. 저 높은 꼭대기에 어떻게 돌을 쌓았을까, 왜 쌓았을까, 어디에서 온, 무슨 일을 하는 사람이었을까, 무얼 그리 간절하게 빌었을까. 두서없는 질문들을 마음속으로 굴리면서 나는 돌탑 사진을 여러 장 찍었다. 돌탑들이 등 뒤로 사라졌을 때쯤 D가 입을 열었다. 사람은 뭔가를 바라잖아. 뭔가를 바라지 않는 사람은 없지 않을까. D의 대답에 나는 잠시 골몰했다. 뭔가를 바라는 것과 돌을 쌓아 올리는 것 사이의 인과 관계에 관해. D는 덧붙였다. 본능 같은 거 아닐까. 아주 오래전부터 인류에게 새겨진.

위태롭게 쌓아 놓은 돌탑들, 너무 작아 금세 쓰러질 것 같은 돌들. 바라는 바를 돌로 쌓아 놓고 돌아간 이들의 마음. 비나 눈이 내리면, 강풍이 불어닥치면 언제 무너질지 모르는 소망들. 그럼에도 마음에 흡족한 돌을 고르고 골라 기어이 쌓아 올리는 마음. 나중에 그것이 무너진다고 해도 또 다른 누군가가, 눈 밝은 누군가가 그 자리를 알아본다면 거기엔 또다시 돌이 쌓인다. 돌탑들이 생겨난다. 옆에 하나, 그 옆에 또 하나가 늘어난다. 지나가다 그 광경을 본 사람 중 누군가는 발길을 멈출까. 바닥을 유심히 살펴보다가 이거다 싶은 돌멩이 하나를 주워 매만질까. 떨리는 손으로 조심스럽게 돌 위에 돌을 올려놓을까. 그 역시 무언가를 바라고 있을까. 그 무언가를 마음속으로 떠올릴까. 이를테면 지켜 내고 싶은 이의 환한 얼굴 같은 것, 그의 건강과 행복 같은 것을.

본능 같은 거 아닐까.

아주 오래전부터 인류에게 새겨진.

너의 말을 믿고 싶은 긴긴밤.

기도하는 법을 잃은 지 오래

그렇긴 하지만 그럼에도

매일 속으로 몇 번이고 되뇐다

부디

몸과 마음 무탈하기를

새봄이

어김없이 찾아오기를

계엄 선포를 두고 있을 수 없는 일이 일어났다고들 한다. 경악하고 분노하고 욕설을 퍼붓는다. 어떻게 그럴 수 있느냐고, 사람도 아니라고 한다.

사람이, 그럴 수 없나. 사람이 뭐라고.

있을 수 없는 일을 일으키는 게, 그걸 반복하고 망각하고 또다시 저지르고 마는 게 사람 아닌가. 우리 모두 그런 사람이다. 누군가를 혐오하기도 하고 동시에 혐오의 대상이 되기도 하는 사람. 비관이나 냉소가 아니다. 똑바로 바라봐야 하는 일임을 잊지 않으려는 것뿐.

정말 다른가, 나는, 우리는.

사람의 자격을 박탈해야 마땅하다고 여겨지는 대상을 혐오의 언어를 통해 사람의 영역 밖으로 추방함으로써 우리는 사람다움을 획득한다. 아니, 추방 전 '사람 아님'의 낙인을 찍고 배제를 시작하는 순간부터 이미 우리는 사람다움을 획득했다고 여긴다. 손쉽게 거머쥘 수 있는 안락이다. 안락을 정의라고 착각하고 착각을 사실로 믿는다. 손쉬운 방법은 다수를 불러 모으기에 유리하고 다수가 내는 목소리는 죄책감을 덜기에 편리하다. 우리는 우리가 '사람임'을 증명하기 위해서 굳이 어렵고 고통스러운 길을 택하지 않아도 된다. 이를테면 있을 수 없는 일을 저지르는 사람과 우리가 별반 다르지 않다는 사실을 인정하는 길 같은 것. 인정하면, 진정으로 받아들이면 우리는 전과 같이 안락할 수 없을 테니까. 우리 자신의 일부를 혐오할 수밖에 없게 될 테니까. 그건 우리가 다른 누군가를 혐오하는 것보다 훨씬 더 고통스러운 일이 될 테니까. 아마도 돌이킬 수 없을 만큼.

있을 수 없는 일이
과연 있기는 한가.

빛으로 나아가요.

계엄 선포의 밤 이후, 기회가 될 때마다 주변 사람들에게 말하곤 했다. 빛으로 나아가요, 우리. 밝아지자고요 실은 그 누구보다 나 자신을 다독이기 위해 한 말이었다. 걷잡을 수 없이 어둠으로 끌려 들어갈까 봐, 간단하게 혐오하고 비관해 버릴까 봐 두려워서였다. 빛으로, 하고 입술 사이로 소리를 내보내면 그 파동만큼 주변이 밝아지는 것만 같았다.

빛으로
빛으로

빛으로

구명줄처럼 그 말을 꽉 붙잡았다.

광장을 메운

불빛들
함성들

결코

부러지지 않지
깨어지지 않지

결단코

내 부족한 말로는

다 옮길 수조차 없는

안녕을 바라는

건강과 행복을 기원하는 그 단순한 마음 역시

사랑이라 부를 수 있지 않을까 하며

조심스럽게 키워 왔다

그렇다고 여겼다

그 사랑이 시험에 든다

얇아지고 불투명해진다

습자지 같은 얄팍한 사랑을

너무나도 쉽게 찢고 나오는

혐오

나의 혐오

부끄럽다

사랑할 만한 것들을 사랑하는 일을

사랑이라 여겼던 나날이

이 찢어진 자리를 어쩌면 좋은가

십이월 삼일의 일을

어떻게 잊을까

한 사람의 입에서 배출된

뻔뻔스러운

독선과 폭력의 악취를

코를 틀어막지 않고 얼굴을 돌리지 않고

제대로 맡기

똑똑히

지독한 그 냄새를 기억하기

여행 짐을 꾸린다. 오랜만에 떠나는 제법 긴 여정이다. 한겨울, 한 해의 끝자락을 더운 나라에서 보내는 건 처음이라 마냥 설렐 줄만 알았는데, 정작 마음은 복잡하기만 하다. 이런 뒤숭숭한 시기에 여행이라니, 가도 되는 걸까.

죄스러운 마음이 앞선다. 비겁한 것만 같다.

친구들과 여행을 계획하고 준비하던 봄에는 십이월에 닥칠 일을 전혀 알지 못했다. 한 치 앞도 모르는 게 인생이라고는 하지만, 그날 밤의 공포와 충격을 그 누가 짐작이나 했을까.

가도 되는 걸까.

우리는 여러 번 서로에게 그 물음을 던졌고 다녀오자는 결론을 내렸다. 항공권과 숙소, 환전해 둔 돈, 그 모든 것을 취소하기에는 너무 늦어버렸기 때문에, 그 모든 것에 우리의 시간과 돈이 녹아 있기 때문에, 무엇보다도 그 모든 것 이전에 함께 떠날 여행을 고대하며 하루하루를 살아낸 각자의 노동이 있었기 때문에.

아니 어쩌면,

매일 휘몰아치는 불안감 속에서도 한편으로는 믿는 구석이 있었기 때문인지도 모른다.

저 무지막지한 폭력이 켜켜이 포개어진 질긴 역사를 결코 한 번에 찢어버리지는 못할 거라는, 절대 그들이 원하는 대로 되지는 않을 거라는.

아이러니하게도 그랬다.

하루 중 많은 시간, 뉴스의 타임라인을 뒤쫓고 상황을 정확히 파악하려고 애쓰면서도, 불쑥 치미는 불안과 분노에

밤잠을 설치면서도 그랬다.

믿는 구석들이 각각의 불빛이 되어 광장을 가득 채운다. 반짝이며 넘실댄다. 흐른다.

여름옷을 꺼낸다. 반소매 티셔츠와 반바지를 가방에 넣으며 내년 여름의 우리를 상상한다.
잊히지 않을 겨울이었다, 말하게 될 것이다.
흘러갈 것은 기어코 흘러가고야 말 테니까.

짐은 짐일 뿐이야.

공항에 먼저 도착해 기다리고 있던 친구가 내 이십사 인치 캐리어와 커다란 배낭을 쓱 훑어보더니 장난스레 한마디 던진다. 뭘 그렇게 많이 챙겨왔느냐며 사람 좋게 웃는다. 친구의 짐은 어깨에 멘 크로스백과 자그마한 캐리어가 전부다. 다른 친구들의 짐도 단출한 편이다. 딱 봐도 내 짐이 가장 커 보여 조금 머쓱해진다. 같은 여행지에서 같은 기간 동안 머물게 될 텐데, 들고 온 짐의 모양새가 이렇게나 각각 다르다.

내게는 '혹시 몰라' 병이 있다. 특히 중요한 일로 외출을 하거나 여행을 떠나기 전 짐을 꾸릴 때 도지는데, 혹시 필요할지 몰라 챙기는 물건의 가짓수나 양을 끝내 줄이지 못하는 것이 증세라면 증세다.

멀고 낯선 곳으로 떠날 때면 내 뇌리에서는 쉼 없이 불운과 불행의 시나리오가 펼쳐진다. 가히 불가항력적이다. 머릿속에서 끊임없이 생산되는 크고 작은, 불길하지만 딱히 근거는 없는 그 시나리오들을 입 밖으로 꺼낼 수는 없으므로 (내 터무니없는 불안의 포자들을 애꿎은 이들에게 퍼트려선 안 되므로) 홀로 조용히 삼킨다. 삼키면 삼킬수록 짐은 많아지고 무거워진다.

나이를 먹어 가며 조금씩 불안을 내려놓을 줄 알게 되었다고 여겨왔는데, 말짱 도루묵이었나.

불안이 높은 사람은 불안의 무게를 짐의 무게로 대체시킨다. 좀처럼 불안을 내려놓지 못하니 내려놓을 수 있는 가방에다 갖가지 불안을 욱여넣는다. 무거워진 가방을 끌거나 두 어깨에 짊어지면 조금이나마 마음이 놓이기도 하지만, 사실 마음 저편에서는 자괴감이 잔잔하게 밀려든다.

    무엇이 그토록 불안한 걸까.

    여행 가방이 불안을 측정하는 바로미터 같다. 애써 감춰온 내 안절부절이 죄다 들통나 버린다.

이슥한 밤의 공항.

낯선 이국의 냄새가 후욱 끼쳐온다. 물비린내와 땀내, 이름 모를 풀 냄새 같은 것이 섞여 있는 듯하지만, 말로는 정확히 설명할 수가 없다. 습도가 높고 훈훈한 공기가 살갗에 달라붙는다. 사람들이 끄는 캐리어 바퀴 소리가 낮게 웅웅거리며 복도를 울리고, 멀리서 빗소리가 희미하게 들려온다. 창 너머로 보이는 하늘이 캄캄하다.

어디에선가, 인간은 기승전몸뚱이, 라는 말을 들은 적이 있다. 인간은 사고 이전에 감각하는 존재, 몸을 움직이고 몸으로 느끼기 위해 사고가 발달하게 된 동물이라는 말. 낯선 장소에서 몸의 감각이 평소와 다르게 예민해질 때면 그 말을 실감한다.

냄새에 대한 몸의 반응은 실로 즉각적이다. 생각의 속도와는 비교도 되지 않는다. 내가 익숙한 곳에서 멀리 떠나와 있다는 사실이 나도 모르는 사이에 이미 후각을 통해 온몸으로 퍼져간다. 여섯 시간의 비행 끝에 다다른, 한 번도 와본 적 없는 곳에 도착했다는 실감은 조금 뒤늦게 온다.

입국 심사를 받기 위해 길게 늘어선 줄을 따라 천천히 앞으로 나아간다. 한 시간 가까이 공항에 붙들려 있다. 졸린 눈으로 엄마 손을 잡고 뒤뚱거리며 걷는 어린아이, 조곤조곤 사랑싸움을 이어가는 연인, 다양한 연령대가 모인 대가족. 그들의 얼굴과 몸짓에서 피로와 설렘이 동시에 드러난다. 그들 사이에서, 그 유쾌한 소란 속에서 나는 내가 남겨두고 온 것들을 생각한다. 얼굴들을 떠올린다.

언젠가부터 내 여행의 이유는 예전과는 다른 국면으로 접어들게 되었다. 지금보다 어릴 때는 새로운 무언가에 목말라 있었다. 새롭고 낯선 경험들은 무조건 내게 좋은 영향을 줄 거라고 여겼다. 낯선 문화를 접하고 해보지 않았던 일을 경험하고, 나 자신도 미처 알지 못했던 나를 찾아 나서기 위한 방편으로 여행을 택했다. 그때의 여행은 즐거우면서도 한편으로는 나의 일부분을, 나약함을 무리하게 무릅쓰기도 했다. 뭔가를 얻어서, 찾아서 돌아가야 한다는 부담감이 여정 내내 은밀하게 깔려 있었다.

돌이켜보면, 그때의 여행은 그것대로 좋았다. 그때여서 할 수 있는 여행이었으니까.

지금의 여행에서도 새롭고 낯선 경험들은 큰 기쁨을 가져다주지만, 꼭 그것만을 위해 떠나지는 않는다. 무언가를 얻어와야 한다고 생각하지도 않는다. 그런 열망들은 갈수록 사그라든다.

    요즘은, 나로 충분하기 위해, 내 자리로 다시 잘 돌아오기 위해, 더 나아가 내가 이미 가진 것들을 더 절실하게 원하기 위해 떠난다. 사랑하는 사람들과 더 깊어지기 위해서 기꺼이 간다. 여행을 무사히 마치고 내 자리로 돌아왔을 때, 일상의 순간순간에 끼어드는 불가피한 지루함을 새롭게 견뎌내기 위해서 떠난다.

    현재의 내게 여행은 값비싸고 고단한, 낯설고 먼 곳에서의 일상의 연장으로 다가온다. 평소보다 조금 빠르고 거칠게 흘러가는 느낌을 곁들인.

    언제고 또다시, 내 여행의 이유가 다른 국면으로 접어들게 될 수도 있을까.

    그건 또 모르는 일.

종일 비가 오락가락 내린다.

도심에서 꽤 떨어진 한산하고 오래된 리조트. 스산한 습기로 가득한 객실에 앉아 있는 나는 냉장고에서 꺼내놓은 물병처럼 가만가만 땀을 흘린다. 덥다는 감각은 없는데 계속 온몸에서 땀이 흐른다. 그렇게 더워? 옆 침대에 누워 창밖을 보던 친구가 묻는다. 덥지는 않은데 자꾸 땀이 나. 나는 손수건으로 이마와 목덜미를 훔치며 답한다. 몸이 마치 더는 물을 머금을 수 없게 된 스펀지 같다. 조금만 움직여도 물기가 새어 나온다. 한겨울을 살던 몸이 반나절도 안 되어 여름 날씨 속에 있으려니 버거운 모양이다. 에어컨은 소리만 요란할 뿐 시원찮다. 친구와 나는 눅눅한 침대에 기대어 창밖 풍경을 한참 바라본다.

발코니 창 너머 정갈하게 가꿔진 정원에는 키가 큰 야자수와 활엽수, 잎이 넓고 둥근 풀들이 무성하게 자라고 있다. 멀리 내다보이는 산에서는 희뿌연 비구름이 끊임없이 피어오르며 산봉우리를 실시간으로 지운다. 연회색과 초록빛의 세상이 빗줄기에 거듭 씻긴다. 씻길수록 풍경은 환하게 반짝인다. 어느새 바람이 가벼워지고 구름 사이에서 거짓말처럼 햇볕이 내리쬔다.

친구들과 산책에 나선다. 초록, 채도가 높은 수만 가지의 초록 곁을 걷는다. 이파리들이 하나같이 두껍고 싱그럽다. 저마다 다른 윤기로 반들반들 빛난다. 우리는 어린아이들처럼 우와, 우와. 감탄을 연발하며 세월아 네월아 걷는다.
해변에 다다른다. 눈 앞에 펼쳐지는 황톳빛 바다. 수평선 너머가 커다란 무대의 끝처럼 납작해 보인다. 서벅서벅, 바다 가까이로 다가갈수록 발걸음이 무거워진다. 샌들과 발바닥, 발가락들 틈으로 모래 알갱이가 파고든다.

잠시 잊고 있던 한국의 일들이 떠오른다. 까슬까슬하게 밟힌다. 달라붙은 젖은 모래가 쉽사리 떨어지지 않는다.

먹고 또 먹는다. 마치 여행용 위장을 따로 가져와 갈아 끼운 사람들처럼, 우리는 부지런히 세끼를 챙기고 일정 중간중간 간식도 빼놓지 않고 먹는다. 이 나라에서 유명하다는 커피와 음료도 여러 잔 마신다. 밤마다 맥주캔을 부딪치며 하루를 마무리한다. 무엇보다 과일, 열대의 기운을 품은 달고 부드러운 온갖 종류의 과일을 한국에서보다 싼값에 배불리 맛본다.

저렴한 물가에 우리 씀씀이는 조금 헤퍼진다. 생활비를 알뜰히 쪼개어 일 년 가까이 여행 경비를 함께 모았던, 여행자 이전의 우리를 잠시 잊는다.

관광객들에게 평이 좋다고 알려진 해산물 전문 식당에서 저녁 식사를 양껏 먹고 나왔을 때, 이 나라를 여러 번 여행한 적이 있는 친구가 말한다. 우리 넷이 지금 낸 밥값이 저 직원분들 보름치 월급은 될 거라고. 언젠가부터 현지인들이 가는 식당에 비해 값비싼, 소위 관광객 맛집에 갔다 오면 마음이 조금 불편해진다고.

그렇긴 하지.

우리는 식당에서 서비스로 나눠준 일회용 우비를 걸치고 부슬비가 흩뿌리는 도심의 거리 걷는다. 서로 한동안 말이 없다. 포만감, 만족감과 함께 어떤 부끄러움이 우리 안에 스름스름 차오른다. 밤거리를 밝히는 휘황찬란한 조명등, 곳곳에 심심치 않게 눈에 띄는 한글 간판들을 보며 좀 전 식당에서의 상황을 떠올려본다. 음식이 한가득 차려진 식탁 끝에 서서 얇은 장갑을 끼고 뜨거운 소스를 갓 끼얹은 새우의 껍질을 꼼꼼하게 벗기고 살을 발라주던 직원의 자그마한 두 손을 떠올린다. 그 융숭한 대접을 곱씹는다.

    이곳에서 우리가 누린 것들에 관해 생각한다.
    당연할 리 없는 것들에 관해.
    우리의 노동과 노동하는 우리가 누군가의 노동을 사는 일에 관해.

도심과 가까운 호텔로 숙소를 옮긴다.

객실 모서리에 드리워진 커튼을 걷으니 유리 벽 너머로 사 차선 도로와 해변, 바다가 한눈에 훤히 내려다보인다. 이곳의 오늘 바다는 색깔이 다른 두 개의 거대한 천을 잇대어 놓은 것처럼 두 가지 색조로 넘실거린다. 모래사장 근처 바다는 황톳빛이고 멀리 수평선에 가까운 바다는 짙푸른 빛이다. 파도가 제법 거세 보인다. 해변으로 밀고 들어오는 흰 물거품, 끊임없이 생겨나고 깨어지는 그 모양새가 꼭 위태로운 외사랑 같다.

오전에는 하늘이 잔뜩 흐리고 싸늘한 바람과 함께 비

가 내리치더니, 두세 시간 사이에 돌연 땡볕이 내리쬔다. 쾌청하고 무더운 날씨를 틈타 사람들이 해변으로 모여든다. 수시로 변하는 날씨 탓에 하루가 여러 날처럼 길게 느껴진다. 바람막이를 걸쳤다가 벗었다가, 모자를 썼다가 우산을 펼쳤다가 한다. 하루의 밀도가 높다. 매일같이 이런 변화무쌍한 날씨를 겪으며 살면, 삶에 닥쳐오는 크고 작은 우연들을 더 관대하게 받아들이게 될까. 여행자다운 어리석은 생각일까.

저 수많은 잔물결 중 나를 만난 적이 있는 물결도 있을까. 실없는 상상에 불과할까.

창가에 놓인 일인용 소파에 앉아 바다를 건너다본다. 오래도록 가만히.

침대 옆 탁자에 놓여만 있던 책을 집어 들고 다시 소파로 돌아온다. 여행 내내 표지만 바라보았던 책, 이 나라를 배경으로 써 내려간 마르그리트 뒤라스의 자전적 소설. 여행지가 결정되었을 때, 가지고 갈 책으로 《연인》을 가장 먼저 떠올렸다. 그러면서 동시에 예감했다. 여행 중에 이 책을 진득하게 펼쳐볼 순 없을 거라는 걸.

여행 짐을 꾸릴 때는 늘 고심을 거듭해 두세 권 정도의 책을 골라 가방에 담는다. 하지만 여행지에서 제대로 독서를 하는 경우는 드물다. 대부분 몇 페이지 읽지 못하거나 고스란히 집으로 가져오곤 한다. 언젠가부터는 그저 여행길에 함께 오르는 책들을 고르는 꼴이 돼버렸는데 이번에도 별반 다르지 않을 것만 같다. 읽지 못할 걸 알면서도 가져가는 거라면 그건 책이 아니라 그냥 짐 아닌가, 그런 핀잔을 들은 적도 있다. 그런데 과연 그러한 책들이 내게 그저 가방 무게를 더하는 짐일 뿐인가, 하고 곰곰 생각해 보면 꼭 그렇지만도 않다. 다 읽지도 못할 책을 굳이 챙겨가는 마음을 뭐라고 설명하면 좋을까.

황톳빛이 줄어들며 점차 푸르게 변하는 바다. 이제 모자와 물을 챙겨 밖으로 나가봐야 할 때.

나는 얇고 기름한 책을 무릎 위에 올려두고 표지를 손바닥으로 쓸어본다. 십수 년을 내 책상과 가장 가까운 책장에 꽂혀 있던 《연인》이 이곳에 나와 함께 있다는 것을 확인이라도 하려는 듯이, 손길 한 번으로 내 안에서 몇 번이고 새롭게 되풀이되었던 이야기를 한꺼번에 읽어내려는 듯이. 읽지도 못할 이 책이 사실은 나의 비밀스러운 동행이었음을 이제야 알아차린 듯이.

여행에 와서도 틈틈이 한국 뉴스를 살펴봤다.

기대가 무너질 각오는 얼마든지 되어 있다고 여기면서.

참 순진도 했다.

무너질 각오 따위.

이토록 가혹한 십이월이 있었나, 참담한 연말이 있었나.

나도 모르게 흐르고 만 눈물마저 송구스러운 날이 또 있었나.

돌이켜보면 그런 날들이 허다하게 있었다.

우리가 허다하게 잊고 지내는 동안.

멀리서나마

마음으로나마

흰 국화꽃을 내려놓는다.

여섯 시도 안 되어 눈이 떠진다. 창밖은 아직 새벽 어스름. 옆 침대에서 자던 친구는 어느새 일어나 있다. 이불을 부스럭대는가 싶더니 나갈 채비를 마치고 나를 부른다. 아침으로 게국수를 먹으러 갈 건데 같이 갈 거냐고 묻는다. 게국수? 나는 침대에 누운 채로 괜스레 되묻는다.

어제, 오전 장사만 한다는 국숫집에 갔었다. 마감 한 시간 전에 도착했는데도 이미 재료가 소진되어 맛도 보지 못하고 돌아왔다. 여섯 시에 가게 문을 연다는 주인아주머니 얘기를 나도 듣긴 했는데 귀담아 두진 않았다. 이렇게 이른 아침에 그걸 먹으러 가는 거구나. 나는 여행지에서 빛을 발하는 친구의 부지런함에 탄복하면서 무거운 몸을 일으킨다. 가

자. 아직(전혀) 배가 고프지 않지만(허기를 알아차릴 정신도 없지만) 후다닥 옷을 갈아입고 호텔 방을 나선다.

걸어서 가기로 한다. 이제 제법 호텔 주변 길들이 눈에 익어 발걸음에 주저함이 없다. 마치 현지인처럼 익숙하게 걷는 친구의 모습을 바라보다가 아주 잠깐 우리가 이곳에서 오랫동안 살아온 것 같은 기분에 휩싸인다. 머릿속으로 망상을 굴리며 걷는다. 출근하는 길에 친구를 만나 아침으로 게국수를 먹으러 가는 길이다. 우리는 이곳에서 무슨 일을 하며 먹고살고 있을까. 이곳 기후에 충분히 적응했을까. 여행이 아닌 생활은, 게다가 타국에서의 삶은 결국 고국에서보다 더 고달플까. 그런 생각도 잠시, 사늘한 바닷바람과 함께 출근길에 오른 수많은 오토바이가 뿜어내는 매캐한 매연이 콧속으로 파고들자 망상도 금세 깨어진다. 여행자일 때는 현지인이 되는 망상을, 현지인일 때는 여행자가 되는 상상을 한다. 왜 그런 정념은 좀처럼 지치지도 않을까.

    국숫집으로 향하는 이십 분 남짓 동안 동이 튼다. 낮게 깔린 먹장구름 사이로 환한 금빛의 아침 햇살이 비친다. 오늘 첫 번째로 마주한 이 도시의 안색. 오늘 하루 동안 또 얼마나 다양한 얼굴을 보여주려나. 땡볕이 내리쬐다가도 언제 그랬냐는 듯 비가 퍼부으면 이곳 날씨가 마치 변검술사가 휙휙 바꾸는 가면 같다고 생각했다. 종잡을 수 없는 날씨의 안색들, 도시의 낯빛들. 나는 또 금세 그리워하려나. 이곳에서의 일들이 너무 빨리 추억이 돼버리려나.

    신호등이 없는 횡단보도 앞에 멈춰 선다. 친구와 나는 건너갈 적당한 타이밍을 노린다. 보행자는 아랑곳없이 도로를 내달리는 자동차들, 오토바이들. 쏜살같다. 우리는 차도의 좌우를 살피기 바쁘다. 친구가 내 팔꿈치를 슬며시 잡아끈다.

지금이야. 친구의 말에 우리 둘은 달리는 차들 사이로 천천히 나아가며 길을 만든다. 오토바이들이 아슬아슬하게 우리 곁을 스쳐 지나간다.

이 순간처럼 기억되려나. 이 여행의 속도감은.

우리는 국숫집에 첫 손님으로 들어간다.

내일이 여행의 마지막 날이다.

밤새 앓았다.

흰죽 두 그릇을 가까스로 밀어 넣고 친구가 사다 준 감기약을 삼킨다. 눈꺼풀이 무겁다.

침대에 누운 몸이 끝도 없이 가라앉는다.

어리둥절하다. 하루 사이에 이렇게 되다니.

몸에서 수분이 모조리 빠져나간 것만 같은데 또다시 땀이 난다. 쉼 없이 흐른다. 오한이 들었는지 계속해서 몸이 떨린다. 잔기침이 끊이지 않는다. 근육의 결마다 날카로운 무엇에 거듭 찔리는 듯한 감각. 살갗에 닿는 모든 것이 축축하고 동시에 깔끄럽다.

    정신이 가물거린다. 시간이 뭉텅뭉텅 사라진다. 예사롭지 않다. 어쩐지, 뭔가 단단히 잘못되어 가는 것 같다.

    한나절 내내 호텔 침대에 누워만 있다.

    적막한 방 안, 어둑한 천장을 스크린 삼는다. 떠오르는 것들을 그 위에다 비춰본다. 가만히 지켜본다.

    서서히 나타났다가 재빨리 사라져 버리는, 먼 곳에 있는 괜스레 보고픈 것들.

    어제 힌두교 사원에서 봤던 목과 두 손목이 잘려 나간 석조상의 모습이 자꾸만 떠오른다. 희미해졌다가 짙어지기를 반복한다. 끝내 그것이 무슨 신인지, 어떤 역사와 사연이 깃들어 있는지 알지 못한 채로 돌아왔다. 누군가에게라도 물어봤어야 했나, 하는 생각이 스친다.

    덧없는 일.

지나고 나면, 오늘의 일도 웃기고 슬픈 에피소드로 기억되려나.

불길함과 불안을 떨쳐보려고 몸을 일으킨다. 뜨거운 물로 땀에 젖은 몸을 씻어내고 옷을 갈아입는다. 티셔츠에 머리를 집어넣는 순간, 흠뻑 마음속이 젖는다.

여행에서 돌아와 독감 판정을 받았다.

병원 침대에 누워 수액을 맞으며 남몰래 실소했다. 몸살감기가 아니라 독감이었다니. 그런 거였다니. 이런 여행의 마무리를, 한 해의 끝을, 늘 그랬듯 미처 생각하지 못했다. 인생, 야무지게 사람을 잘도 놀래준다. 마지막까지 예상 밖의 일들로 허둥대는 십이월. 야속하면서도 그나마 이만해서 다행이라는 안도감이 뒤늦게 찾아든다.

함께 여행을 떠났던 친구들이 염려되어 메시지를 남긴다. 누구한테나 있을 수 있는 일이라고, 미안해하지 말라고, 그러니 이제 그만 푹 쉬라고 되레 나를 달래는 따스운 말들.

이미 벌어진 일이다.

꼬리에 꼬리를 무는 생각을 끊어내려고 애써본다. 언제 어디서 바이러스를 옮아왔는지에 대해 더는 깊이 생각하지 않기로 한다.

몸을 심하게 앓을 때면, 다시금 선명하게 깨닫게 되는 사실이 있다. 사람의 몸은 언제고 무력해질 준비가 되어 있다는 것, 몸의 고통은 한 사람을 온전히 혼자이게 한다는 것, 누구도 대신해 줄 수 없는 그 '혼자'를 견뎌 내야만 한다는 것. 때때로 그 사실이 섬뜩하게 다가온다.

시국의 암담도 참사의 아픔도, 내 몸뚱이를 뒤흔드는 고열과 통증 앞에서는 잠시 희미해진다. 멀어진다. 앓는 시간 동안은 오로지 나로 채워진다. 나 이외의 것들을 돌아볼 수가 없다. 어쩔 수 없음을 너무도 당연하게 여긴다. 받아들인다. 그 엄연함이 뼈아프다.

어제 배달시켜 놓은 죽을 데운다. 냄비 속에서 버섯야채죽이 푸룩푸룩 끓어오른다. 일단 먹자, 먹고 기운을 차리자. 나는 새해 덕담을 무슨 당위처럼 입속말로 중얼거린다.

해피 뉴 이어.

창밖에서 비질 소리가 들려온다. 쏴악, 싸악. 작지만 분명하다. 서두르는 기색이 없는 일정하고 착실한 소리. 나는 책상 앞에서 벗어나 커튼과 창문을 열어젖힌다.

눈이 내리고 있다.
송이 송이, 고요히 어둠을 지우는 함박눈.

골목 어귀 빌라 건물 앞에서 기다란 빗자루를 들고 눈을 쓸고 있는 한 사람의 실루엣이 보인다. 눈 쓰는 사람과 나, 마치 이 골목에 깨어 있는 사람은 둘뿐인 듯하다.

눈 쓰는 사람

글 쓰는 사람

글 쓰는 사람은 눈 쓰는 사람과 그의 그림자를 멀리서 잠시 바라본다. 그와 그림자의 몸짓은 춤 같기도, 노역 같기도, 훈련이나 수행 같기도 하다. 묵묵한 리듬이 깃들어 있다. 그 리듬 속에서 나는 눈을 쓰는 일과 글을 쓰는 일의 닮은 구석을 발견한다. 눈을 쓸며 조금씩 뒤로 물러나는 그에게 합장이라도 하고 싶어진다.

퍼뜩 정신을 차린다.

파일 삭제. 휴지통 비우기.

모니터 시계가 새벽 다섯 시를 가리킨다.

근래에는 밤샘을 거의 하지 않았는데, 안 되는 글을, 안 될 글을 억지로 붙들고 있다가, 바짓가랑이를 붙잡고 늘어지다가 헛되이 시간을 흘려보냈다. 무엇이 그리 두렵고 불안했던 걸까. 욕심을 부렸던 걸지도 모른다. 비질 한 번, 넉가래질 한 번으로 이 많은 눈을 한꺼번에 치우려 들었던 것인지도.

오로지 나만을 위해서 쓰려 했던 것인지도.

뒤늦게 알아차린다. 자신만을 위해 캄캄하고 추운 새벽에 나와 눈을 쓰는 사람은 없으리란 것을. 눈을 쓰는 일은 헌정의 마음이다. 자신의 움직임과 온기, 시간을 바치는 것, 길을 지나다닐 사람들의 안녕을 먼저 나와 기원하는 것.

하물며 글은
글을 쓴다는 것은

그저 지금 할 수 있는 일을 하는 것
미루지 않는 것
오늘 몫으로 내게 주어진, 내가 보내야만 할 허송세월

하는 것

그렇게 시간을 착실하게 헛되이 쓰며 버려질 글을 쓰는 것, 밀고 나가고 지우고 끝내는 버리는 것, 훗날 헛되이 쓴 시간의 퇴적층에서 헛되지 않은 무언가를 발굴하는 것

결코, 헛되지 않다.

며칠 지나면 죄다 녹아버리겠지만, 언제고 사라질 테지만 애를 써서 오늘의 눈을 쓰는 일은.

쉼 없이 눈이 쏟아진다.

눈 쓰는 사람의 맞은편 건물에서 큼직한 넉가래를 들고 골목길로 나오는 사람의 모습이 보인다. 쏴악, 싸악. 두 사람이 눈을 쓸어내는 소리가 내게로 밀려드는 파도가 된다.

차츰 날이 밝아오고

눈은 그칠 기미가 보이지 않는데

나는 쓰기 앞에, 오늘의 책상 앞에

다시 앉는다

글을 쓰는 몸으로

눈을 쓰는 마음으로

연일 낮 기온이 영하권이다.

며칠 전 내린 눈이 아직 녹지 못한 채 골목 후미진 구석에 얼어붙어 있다. 얼어붙은 눈도 분명 눈이지만 어쩐지 눈 같지가 않다. 더러워진 석고나 쪼개진 스티로폼 조각, 누군가 짓밟아 놓은 지저분한 이불솜처럼 보인다. 함부로 버려진 물건 같다. 눈은 내리거나 쏟아지지, 버려질 수는 없는데 버려져 있다.

강추위 속에서 나의 세상은 야속해진다.

내가 겨울을 더럽히고 버려지게 만든다.

겨울을 제법 좋아하던 내가 있었다. 겨울이 가져다주는

아름다움을 만끽하던 때가. 나는 늘 여름보다는 겨울을 더 좋아했다. 코끝과 손끝 몸의 가장자리에서부터 파고드는 산뜻함과 명료함을. 박하 맛 공기, 날숨의 그림자인 것처럼 따라붙는 허연 입김, 두툼한 스웨터의 촉감, 헐벗어 섬세하게 드러난 흔들리는 나뭇가지들, 깨끗하고 짙은 밤하늘 그리고 눈. 때로는 담요 같고 때로는 지우개 같은 눈. 코트 한 벌만 입고도 끄떡없이 지내던 시절, 그때는 겨울이 데리고 오는 온갖 아름다운 장면을 하나하나 목격하고 간직했다.

그러나 그 시절의 겨울은 이제 내게서 떠나갔다. 전과 같은 겨울의 감각을 다시금 느낄 수 있을까, 생각하면 이따금 애틋하다.

최근 몇 년 동안은 일조량이 점차 줄어들고 겨울이 시작될 때쯤이면 내 일상에도 어둠이 드리워지는 것을 느낀다. 추위에 몸이 얼어붙을 때마다 내 안에 남아 있던 밝고 따스

한 것들이 차갑고 딱딱하게 굳는다. 몸도 마음도 경직된다. 쉽게 어두워지고 가라앉는다. 얼어붙은 땅이나 강처럼 황량하고 쓸쓸해진다. 아침 일기, 천변 산책, 아껴 둔 안부 인사가 모조리 얼어 차디차게 들러붙는다. 몇 날 며칠을 집 안에만 웅크리고 있는 날도 있다. 사실 그런 날이 잦다. 아무것도 하지 않는, 할 수 없는 아무개의 상태로, 동면하는 동물처럼. 짙어지는 우울감 속으로 침잠한다. 이대로 괜찮은 걸까, 자문만 맴돈다.

양동이에 찜질팩을 넣고 끓인다. 모처럼 바깥에서 추위에 떨며 웅크리고 다닌 탓인지 한동안 잠잠하던 견비통이 도졌다. 불 앞을 지키고 서서 좌우로 돌릴 수 없게 된 굳은 목과 단단하게 뭉친 어깨를 주무른다. 창밖으로 보이는 하늘이 애애하다. 눈이 오려는 모양이다. 일기 예보를 찾아본다. 밤부터 많은 눈이 내릴 거라 한다. 눈 소식에 눈길에 미끄러질까 봐 걱정되는 사람들이 떠오른다. 양동이 속 물이 보글보글 끓기 시작하고 들썩이는 뚜껑 틈새로 수증기가 새어 나온다. 부엌 타일에 촉촉한 김이 서린다.

훈기로 가득 찬 부엌에 서서 문득 깨닫는다. 이제 이것이 내게로 온 겨울이라는 사실을, 한동안 내게 머물다 언젠가 또 떠나갈 겨울이라는 것을. 훗날에는 이 순간도 별도리 없이 지난날이 되리라는 걸 안다.

겨울의 감각을 다시 익혀야 한다, 새롭게.

찜질팩을 감쌀 두툼한 타월을 미리 준비한다. 새하얀 타월을 반듯하게 펼치며 나는 기도하는 마음이 된다. 뜨끈한 찜질팩을 어깨 위에 올린다. 간절하게 입속말로 되뇐다.

온전히 살고 싶다, 이 겨울을
견뎌 내고 싶다

살아남고 싶다

늦은 밤, 친구로부터 전화가 걸려 온다. 야근을 마치고 집으로 들어가는 길이란다. 가라앉은 목소리에서 겨울밤 공기가 묻어난다. 배음으로 들려오는 칼바람, 달리는 차들, 버스 안내 방송, 뚜벅뚜벅한 친구의 발걸음, 지나가는 이름 모를 누군가의 발걸음. 우리는 이런저런 사는 이야기를 나눈다. 참고 견디는 것에 관한 이야기. 제법 긴 통화 끝에 친구가 입을 연다.

어떻게 그럴 수 있었는지 모르겠다고 한다.
예전에는 어떻게, 자신에게 호감이 없는 사람이라는 걸 알면서도, 받을 상처 따위 아랑곳하지 않고 마음을 주고 표현할 용기가 있었는지 모르겠다고. 이제는 그럴 수 없는 사람이 된 것 같다고 한다. 얼마 전 그런 생각을 떠올렸는데, 그런 자신을 내게 말하고 싶었다고 한다.

그건 좋은 일도 아니지만 그렇다고 나쁜 일도 아니라고, 변한 것뿐이라고 나는 말한다.
그렇게 나이 드는 거 아닐까.
나이 드는 것 역시 좋은 일도 아니지만 그렇다고 나쁜 일도 아니라고, 그러니 장담하지는 말자고, 그렇게는 말하지 못했다. 이제는 그럴 수 없는 사람이 된 것 같을 때가 내게도 있으니까, 아니 많으니까.
이제는 도움이 되기를 바란다는 이유로 섣부르게 조언이나 충고를 할 수 없는 사람이 되었다. 이제는 전처럼 자주 친구들에게 손 편지를 써서 건넬 수 없는 사람이 되었다. 이제는 마음속에 오랫동안 담아두었던 슬픔을 잘 꺼낼 수 없는 사람이 되었다. 그러나, 이제는 그럴 수 없게 된 사람의 이면에는 이제는 그럴 수 있게 된 사람이 있지 않을까, 나는 친구에게 묻지 않는다. 대신 춥지 않냐고, 손은 시리지 않냐고 묻는다.

오늘 달이 예쁘네.

그렇게 돌아오는 대답.

그 딴청에 어쩐지 마음을 조금 내려놓는 밤.

진심은 갓난아기 발꿈치 같은 거 아닐까

눈앞에 나타나면 꼭 한번 손 뻗어보고 싶은

한번 가닿으면 계속 손안에 쥐고 있고 싶은

아직 닳지 않은, 연하고 발간 새마음

명절을 본가에서 보내고 집으로 돌아온 밤, 늦게까지 잠을 이루지 못하고 몸을 뒤척인다. 이박 삼일 동안 엄마가 해준 밥을 꼬박꼬박 받아먹고, 평소보다 잠도 많이 자고 왔는데, 조금 심심하긴 했어도 고요하고 느긋하게 지내다 왔는데, 왜인지 머릿속은 이런저런 생각들로 복작거린다. 자꾸 목덜미가 스산해져 손바닥으로 쓸어내린다.

무엇일까, 이 느낌은.

남겨두고 오면 안 되는 무언가를 남겨두고 와버린 것만 같은 감각.

이젠 한 덩어리가 된 것 같아.

언젠가 친구가 말했다. 노르스름한 조명등 아래에서 우리는 술잔을 기울이며 가족과 나이와 사는 일에 관해 이야기했다. 새벽 두 시를 넘긴 시각이었고 둘 다 내 잠옷을 입고 있었고 조금 취기가 올라 있었다. 혼자 살아보고 싶은 마음은 없느냐고 내가 물었을 때, 부모님과 떨어져 살아본 적이 없는 친구는 그렇게 말했었다. 나는 이따금 그 말을 떠올려보곤 한다.

한 덩어리

본가에서 며칠 지내다가 집으로 돌아갈 때면, 엄마는 매번 버스 정류장까지 나를 배웅한다. 정류장으로 걸어가는 십 분 남짓 동안 엄마는 한 손으로는 내게 줄 먹거리를 들고, 다른 손으로는 내 손을 맞잡는다. 깍지를 껴오는 그 손은 애틋하면서도 때때로 나를 아프게 한다. 마디가 굵고 살갗이 얇은 오래된 손가락들이 내 손가락 사이로 파고들며 나를 세게 꽉 붙들 때면, 나는 아직 내가 이 세상에 없던 오래전을 상상한다. 엄마의 손이 싱그러웠을 시절을 그려본다. 나를 낳을 때 이 관절뼈들도 마디마디 흔들렸을까, 삐걱거렸을까. 이 세상으로 갓 쏟아져나온 나를 안아 올릴 때 떨었을까. 그 떨림은 두려움이었을까, 기쁨이었을까. 내가 모르는 엄마를 굴곡진 뼈들은 기억하고 있다는 생각을 하면, 내가 있기 이전의 엄마가 지금도 내 곁에 여전히 살아 있다는 생각을 하면, 서로 엇갈리게 바짝 맞추어 잡은 엄마의 손가락과 내 손가락이 점점 축축해지고 무거워지는 것을 느낀다. 나란히 걷는 동안 그 무게가 조금씩 더해진다. 엄마의 생이 내 다섯 손가락 사이에서 엇갈리고 미끄러진다. 놓칠 것 같다, 놓칠 수 없다. 아니 놓칠 것만 같다. 끝내 엄마와 나는, 우리의 시간은 맞추어지지 않을 거라는 짐작. 언젠가 놓아야만 한다는, 아니 놓치고 말 거라는 선명한 예감.

정류장으로 향하는 동안 엄마의 손은 내게 그렇게 놓칠 수 없는 것이 된다. 그래서 나는 되레 가볍게, 아무렇지 않게 놓아버리는 것을 택하고 만다. 그 순간, 엄마는 나를 또 한 번 낳는다. 거듭 품속에서 내보낸다. 나는 엄마로부터 떨어져나온다.

한 덩어리로부터 떨어져나온
또 다른 한 덩어리

가볍게, 아무렇지 않게 손을 놓으며 나는 버스에 오른다. 자리를 잡고 앉아 창밖을 내다보면 엄마가 나를 바라보며 서 있다. 손을 흔들어 보인다. 나도 손을 들어 흔든다. 버스가 출발하면 엄마는 점점 뒤로 물러난다. 나와 엄마는 매번 그렇게 헤어진다. 멀어진다.

어둠 속에서 모로 누운 채, 목덜미를 쓸어내리다 말고 손바닥을 바라본다. 손가락을 하나씩 천천히 움직여본다. 놓칠 것 같은, 아니 놓칠 수 없는, 그럼에도 끝내 놓치고 말 손의 빈자리를 가늠해 본다.

내가 남겨두고 와버린 그 손의 자리를.

시간의 흐름이 소실된 채로 십이월과 일월이 지나갔다. 어떻게든 살았고 살아졌을 텐데, 사라졌다는 감각뿐이다. 연말연시 없음. 그건 마치 모든 인간사의 비유 같다. 끝도 시작도 없음. 잘도 끝과 시작을 나누고, 끝과 시작을 알 수 있다고 장담하며 살아왔구나. 섣부르고 오만했구나.

뉴스가 금세 낡은 소식이 되는 요즘. 엄지손가락으로 휴대폰 화면을 쓸어내리면 현재가 실시간으로 허물어진다. 우리가 알던 상식, 기본이라 일컬었던 것들이 자취를 감춘다.

우리는 그저 반복하고 있을 뿐인 건가.

우리 삶이 이전과는 완전히 달라졌다고 착각하는 일을.

일요일, 오후 내내 분갈이를 했다. 입춘이 지난 지 얼마 되지 않아 적당한 시기라고 할 수는 없었지만, 이틀 새 눈에 띄게 노랗게 변한 몬스테라잎을 보자 애가 타 부랴부랴 서둘렀다. 지난가을, 이런저런 일에 매달려 있느라 분갈이 시기를 놓친 뒤 그냥 지나쳐버린 것이 화근이었다. 봄까지는 괜찮겠지, 이 척박한 집 안에서 그래도 육 년째 버텨 오고 있으니. 내가 안이한 낙관을 품고 현실을 회피하는 사이 묵은 흙 속에 묻힌 몬스테라 뿌리에 문제가 생긴 모양이었다.

　겉흙 위에 깔아둔 흰 자갈을 걷어내고 토분을 채우고 있는 흙을 손으로 퍼냈다. 검고 눅눅한 흙을 한 줌, 한 줌 조심스럽게 퍼내면서 이상하게 마음이 흔들렸다. 언젠가, 지금보다 더 어리석었던 내가 이런 식의 과오를 저지른 적이 있었다는 사실이 떠올랐다. 안이한 낙관으로 제쳐두었다가 뒤늦게 애를 태웠던 일, 수습해 보겠다는 마음만 앞서서 막무가내로 손을 뻗어 파헤쳤던 일. 그렇게 돌이킬 수 없게 된 관계.

놓쳐 버린 사람, 사람들.

흙 속에 깊이 파묻혀 있던 뿌리가 드러났다. 상하거나 끊어지지 않게 찬찬히 꺼냈다. 구불거리는 잔뿌리의 가닥들을 유심히 들여다보았다. 다행히 아직 뿌리는 썩지 않았다. 조금 더 기다려 봐도 되지 않을까. 섣부르게 잘라버리는 대신 잠시 유예해도 좋지 않을까. 이번에는 안이한 낙관을 제쳐두기로, 회피나 후회가 아닌 햇볕과 바람의 자세로 있어 보기로 한다. 결국, 언제고 놓치게 되리라는 것을 기꺼이 예감하면서.

한번 변색된 잎의 색깔이 다시 본래의 상태로, 초록으로 돌아오는 것을 본 적은 없다.

아직은,

일단은 그렇다.

일요일 오후, 친구가 메시지로 사진 여러 장을 보내왔다. 희고 깨끗한 찻잔에 담긴 짙은 원두커피와 새뽀얀 크림이 올라간 비엔나커피, 그리고 가지런하게 놓인 네 개의 빈 찻잔.

석 달 만의 만남이 벌써 어제의 일이 되어 있다. 사진을 가만히 들여다본다. 사진에서는 소거된 목소리들이 조곤조곤히 들려오는 듯하다.

친구들이 찍은 우리의 사진에는 가지런하고 나란한 것들, 옹기종기한 것투성이다. 네 개의 물컵, 네 개의 맥주잔,

네 개의 앞접시. 한 프레임 안에 자리한 네 개의 무엇들. 서울의 수많은 카페와 식당, 술집, 서로의 집에서, 전주, 속초, 교토, 오사카에서 그것들이 테이블 위에 놓이는 동안 네 계절이 네 번 흘렀고, 그 사 년이 또 네 번 흘렀다. 십육 년.

어제가 되어버린 시간이 그렇게나 쌓였다.

사진을 받은 다른 친구가 말한다.

로쿠요샤 생각나는!

나머지 셋이 채팅창 너머에서 조용히 고개를 끄덕이는 모습이 그려지고 그 순간, 사진 속 카페 테이블에 놓인 네 개의 찻잔은 어제에만 놓여 있던 것이 아니게 된다. 우리는 함께 몇 해 전으로 시간을 거슬러서 교토에 있고 로쿠요샤의 조그마한 테이블 앞에 앉아 네 잔의 커피를 내려다본다. 시월이고 우리의 옷차림은 가볍다.

함께한 시간이 쌓이면서 어떤 풍경이나 사물들은 이미 수많은 이미지의 겹을 갖게 되었다. 대화를 나누다 보면 지난 일들이 마치 지금 벌어지는 일처럼 현재에도 비쳐 보인다. 켜켜이 쌓인 시간의 겹 위로. 그렇게 시간이 두툼하게 달라붙은 순간을 맞닥뜨릴 때마다 내 안에 잠자코 숨어 있던 두려움이 불쑥 떠오른다.

시간의 힘은 얼마나 셀까.

시간의 힘만으로는 붙잡을 수 없었던 관계들과 시간의 힘 덕분에 이어져 온 관계들을 떠올릴 때마다, 관계 속에서 시간의 힘이 얼마나, 또는 어떻게 작용하는 것인지 몹시 궁금해진다.
관계에서 시간은 정말 중요한가.
답은 끝내 불가해함으로, 비밀로 남을까.

답을 모르는 나는, 일단 시간을 과신하지 않기로 한다. 불신하지도 않기로 한다. 내가 아는 것은 시간은 시간일 뿐이라는 것. 그러나 그렇게 말해놓고 보니, 시간이 무엇인지조차 정확히 알지 못한다는 사실을 깨닫는다.

그 무엇도 모르는 채로

우리는 지나온 세월처럼 나이 들어갈 것이다. 원하든 원하지 않든 점차 선명한 쪽으로 자기 자신이 되어 갈 것이다, 이따금 시간의 힘을 믿어보고 싶어질 때도 분명 있을 것이다. 그 순간 조용히 고개를 끄덕일 우리의 모습을 상상해본다. 네 개의 빈 찻잔이 놓인 테이블 앞에 앉아 있는.

몬스테라 분갈이를 한 지 보름쯤 지났다.

노랗게 변색되기 시작했던 잎사귀 하나가 서서히 황갈색으로 변하더니 결국 가장자리부터 쪼그라들어 말라버렸다. 짱짱하던 줄기도 물렁물렁해졌다. 무엇 때문이었을까. 한참 동안 변색의 원인이 무엇인지 다시 검색해 봤지만, 이거다 싶은 정확한 원인은 찾을 수가 없다.

D가 타이르듯 내게 말한다.

그만하면 애쓴 거라고, 이제 보내주라고 한다.

더 미루면 안 된다는 걸 나도 모르지 않는다.

원예용 가위의 날을 알코올로 꼼꼼하게 소독하고 물러진 줄기 밑부분을 자른다. 벌어졌던 두 개의 가윗날이 합쳐지는 순간, 나도 모르게 숨을 참는다. 싹둑. 너무 간단해서, 그 시간이 너무나 짧아서 죄스럽다.

크고 작은 이유가 만들어낸 결과, 지금.

몬스테라는 육 년 전 가을에 이 집으로 왔다. 발목을 심하게 다쳐 한동안 집 안에서만 지내던 때였다. 문병을 온 친구가 키우던 몬스테라에서 가지를 쳐 유리병에 물꽂이를 해 가져다주었다. 두껍고 윤기 흐르는 잎사귀가 탄성이 나올 만큼 짙고 아름다운 초록색으로 빛났다. 유리병에서 뿌리를 내어 흙으로 옮겨 심고, 무성하게 올라온 줄기에서 또다시 가지를 쳐 두 개의 화분에 나눠 심을 때까지 몬스테라와 함께 통과한 계절들을 떠올렸다. 일이 잘 풀리지 않는 날이면 괜스레 화분 앞에 앉아 잎사귀에 쌓인 먼지를 닦았다. 해가 좋은 날에는 창문을 열고 햇빛을 잘 볼 수 있게 옮겨주었다. 친구가 그리워질 때면 전화나 메시지를 할까 하다가 바쁘겠지, 싶은 마음에 대신 몬스테라를 바라보곤 했다. 그러면서 조용히 알아차리곤 했다. 나이 드는 일이란 직유의 세계에서 은유로 세계로 넘어가는 일이라는 걸.

    변색되어 말라버린 잎사귀는

    내가 보내주어야만 하는 시절

    지나간

    그것은 그것대로

    내게 남는다 이제 그리움은

    무엇처럼이나 무엇같이를 앞세우며 오지 않고

    그저 온다

    나를 둘러싼 온갖 것으로 온다, 있다

가지 친 줄기들을 유리병에 꽂아두었다. 신경 써서 자주 물을 갈아준다. 매일 아주 조금씩 가느다랗고 하얀 뿌리가 자라나는 것이 보인다. 잎사귀는 보드랍고 푸르다. 거기엔 변색의 가능성도 말라버릴 미래도 보이지 않는다. 그렇게

다가온 시절을 맞아들인다.

바나나 반 송이가 죄다 물렀다.

이틀 전 마트에서 사 왔을 때만 해도 꼭지 부근에 푸릇한 빛깔이 남아 있어 적어도 며칠은 괜찮을 줄 알았는데, 오늘 상태를 살펴보니 껍질은 멀쩡해 보이는데 속은 곪은 것처럼 물렁물렁해져 있다. 껍질을 벗겨내니 역시나 속이 말이 아니다. 검게 멍들어 흐물거리는 과육. 조금 얼떨떨하다. 왜 갑자기 이렇게 돼버린 건가 싶은 기분. 그보다, 사다 놓기만 하고 제대로 맛보지도 못한 채 버리게 생겼으니 방법을 찾아야 한다.

무른 바나나로 빵을 만들기로 한다.

언젠가 봐두었던, 전자레인지로 만드는 '밀가루가 들어가지 않는 바나나빵' 레시피를 떠올려본다. 재료가 모두 갖춰져 있지는 않지만(가장 중요한 베이킹파우더도 없지만), 일단 형편 되는대로 시작해 본다. 바나나 껍질을 모두 벗기고(심하게 무른 것은 어쩔 수 없이 잘라내 버린다) 넓은 볼에 담아 포크로 거칠게 으깬다. 다른 볼에 녹인 버터와 땅콩버터, 꿀, 소금, 알룰로스, 아몬드 가루(없으므로 무염 아몬드를 믹서에 갈아 대신한다), 달걀 한 알을 풀어 반죽을 만든다. 레시피에는 없었지만, 생강가루 약간(시나몬 파우더가 없으므로)과 잘게 다진 당근을 추가한다(좋아하니까). 반죽에 으깬 바나나를 더하고 다시 골고루 섞는다. 전자레인지 사용이 가능한 유리 용기 안쪽에 버터를 바르고 반죽을 붓는다. 전자레인지에 넣고 사 분을 돌린다. 익힘 정도를 확인하며 시간을 조절한다.

기다린다.

빙글빙글 돌아가는 반죽.

멍하니, 전자레인지 속을 쳐다보다가 오후의 일을 떠올린다.

창밖이 유난히 고요하다. 골목을 오가는 오토바이 소리만 간혹 들려온다. 집안에서는 컴퓨터 본체에서 새어 나오는 쿨링팬 소음, 드문드문 또각거리며 울리는 키보드 타건음, 긴 한숨 소리뿐이다. 겉으로 보기에는 조용하기만 한데, 속사정은 그렇지가 않다. 남몰래 문드러지고 있다. 곤죽이 되고 있다. 길을 잃고 떠돌고 있다. 책상은 어제와 같고 모니터 속 문장들도 어제와 별반 다르지 않다. 나아가지 못할 아무런 이유가 없는 것 같은데 헤매고 있다. 속절없이 시간이 흐른다. 조용하게 조급한 오후. 어쩌지 못하는 몸과 마음이 어지럽기만 하다. 뱃멀미처럼, 표류하는 배에 실린 것처럼. 그때 문득 수상한 허기가 밀려온다.

지금 이게 맞나?

삶의 모든 국면을 통제할 수 있다는
계획한 대로 끌어갈 수 있다는 착각

    계획대로라면 오늘 저녁은 바나나 두 개와 두유, 견과류 한 줌으로 간단하게 때우려고 했다. 계획대로라면, 이렇게 태평하게 빵과 설거짓거리를 만들고 있을 시간이 없다. 계획대로라면. 그러나 지금 나는 상해버린 바나나를 살려보겠다며 만들어본 적도 없는 바나나빵을 만들고 있다. 마치 누군가에 의해 짜인, 나조차 미처 몰랐던 나를 위한 더 큰 계획이었다는 듯이,

    오늘 내가 마땅히 해야 할 일이었다는 듯이.

    반죽이 익으며 빵으로 변해가는 사이 조급했던 마음도 서서히 다른 형태가 되어 간다.

자주 잊는다. 잊고 만다. 일의 결과가 아닌 과정을, 온전히 내 것인 몰입의 시간을, 나만이 만들어낼 수 있는 내면의 조용함을.

 전자레인지에서 반죽을 꺼내 쇠젓가락으로 찔러본다. 반죽이 조금 묻어나는 것을 확인하고 이 분을 더 돌려 마저 익힌다. 유리 용기를 도마 위에 엎어 빵을 꺼내고 한 김 식힌다. 맛을 본다.
 처음 만들어본 것 치고는 제법 먹을 만하게 만들어졌다. 전혀 기대하지 않았지만, 예상보다 맛이 있다. 두툼하게 자른 바나나빵과 정성 들여 내린 호지차를 식탁 위에 올려놓는다. 의자에 앉아 허리를 곧추세운다. 잠시 두 손을 모은다.

 지금 가진 것으로

지금 할 수 있는 것을

아직 시간이 있다. 다시 책상 앞으로 돌아가 똑바로 살펴볼 수 있다. 버려야 할 것이 있으면 버릴 수도 있다. 살릴 만한 것이 있으면 거칠게 으깰 수도, 골고루 섞어볼 수도 있다.

새로운 반죽을 만들어볼 수도 있다.

바나나빵을 한 입 베어 문다. 천천히 씹는다. 삼키면, 무른 바나나가 빵으로 만들어지기까지의 시간은 이제 나의 내부가 된다.

이 달콤함을 기억해야지.

기억해 둬야지.

어떤 이야기는 오랫동안 마음속에 품고만 있다. 수없이 불러본 이름, 낯익은 얼굴과 목소리, 사소한 대화와 말버릇, 흐르고 되돌아오는 계절과 유리창 밖의 스치는 풍경 같은 것들을 내내 품속에서 굴리고 또 굴린다. 이야기와 체온을 나눈다. 그러다 간혹 굴리던 이야기를 잃어버리기도 하고, 꽤 시간이 지난 뒤에 다시 찾기도 한다. 어떨 땐 실종을 받아들여야만 할 때도 있다. 이 모든 소란을 나는 비밀에 부친다. 집으로 돌아오는 버스 안에서, 한낮의 이불 속에서, 때로는 새벽녘 돌발적인 산책에서 홀로 비밀을 공작하고 비밀을 함구한다. 발설하지 않은 나의 세계는 증명되지 않아도 된다. 그러므로 아직 완벽하다. 비밀은 뭉근한 화력처럼 나를 끓게 한다. 나를 보호하고 나를 결코 혼자 두지 않는다.

다만, 종이 위에 비밀이 누설되는 순간, 모든 것이 달라진다. 완벽했던 세계가 완전히 무너진 폐허 위에 홀로 남겨진다.

주문. 피청구인을 파면한다.

여전히 듣지 못한 채로, 봄이다.

주변에서, 정말 이렇게 오래 걸릴 줄 몰랐다고들 말한다. 이게 이렇게까지 질질 끌 일이냐고도 한다. 한탄과 한숨. 폭력이 어지럽힌, 휘저어놓은 시간. 우리 각자의, 모두의 한 번뿐인 겨울. 그래서 폭력이 무서운 거지. 낙담하게 만드니까, 무력하게 만드니까. 희망 따위 믿을 수 없게 하니까. 아직 겨울의 소용돌이 속에 머물러 있다.

집에 돌아가는 길에 가로수 나뭇가지 끝에 눈물처럼 맺

힌 나무눈을 본다. 보들보들하고 연약하지만 결단코 꺾이지 않는 힘을 목격한다.

뭐든 다 끌어모으고 싶어서 한참을 바라본다. 나무눈을 올려다보는 것도 힘이 될 수 있다고, 힘을 모으는 일 중 하나라고 믿어보면서.

늦은 점심을 먹고 천변 산책로를 걷는다. 볕이 따사로운 일요일 오후, 날씨가 제법 푹해서인지 산책로가 번잡하다. 한결 가벼워진 옷차림으로 걷고 뛰고 멈춰 서는 사람들, 개들.

천변은 회황색으로 가득하다. 물기슭 근처 자잘한 돌멩이들, 평지와 비탈, 여울목의 모래톱, 앙상한 나무들의 수피. 겨울을 견뎌 온 풍경들의 안색이 오래되어 낱장으로 떨어지는 책장 색 같은 모래색이다.

초록은 어디에 있을까.

겹겹이 쌓인 두꺼운 겨울 밑에서 아직 내비치지 않은, 연하고 부드러운 초록빛은.

언젠가부터 내게 계절은 이어지거나 덧씌워지는 것이 아니라, 겹겹이 쌓여 있는 시간을 한 겹씩 걷어내거나 뜯어내는 감각으로 다가온다. 접착 메모지의 맨 위 종이를 뜯어낼 때처럼.

물길을 따라 한참을 걷는다.

걷다가 산책로 가장자리에 멈춰 선다. 몇 걸음 옆에 서 있던 한 아이가 자꾸 물기슭 가까이로 내려가려고 한다. 라일락색 털모자가 앙증맞다. 서너 살쯤 되었을까. 몽땅한 다리를 뻗으며 내딛는 걸음이 넘어질까 봐 조마조마하다. 아이 손을 꽉 붙든 엄마의 허리와 무릎이 한껏 구부러져 있다. 앞을 봐야지. 엄마가 순한 말로 타이른다.

아이의 시선이 고정된 곳에는 늠름한 왜가리 한 마리가 있다. 햇볕이 내리쬐어 밝은 물가 끄트머리 땅에 고개를 빳빳이 들고 앉아 있다. 목덜미가 희다 못해 눈부시다. 왜가리가 깐닥깐닥 목을 빼며 부리로 물속을 몇 번 쫀다. 뭔가가 만족스럽지 않은지 머리를 흔든다. 그러고는 이내 조용히 날개를 펼쳐 날아오른다. 유유히, 개천을 따라 서쪽으로 낮게 날아간다. 펼쳐진 두 날개가 우아하다. 해가 저물어가는 하늘 위에서 환하게 빛난다.

우와.

아이가 손을 뻗으며 작게 소리친다. 옆을 지나던 몇몇 사람도 발걸음을 늦추며 고개를 돌린다. 날아가는 왜가리를 두 눈에 담는다. 우와. 여기저기서 솟아나는 싱그러운 감탄. 그 날숨 속에 초록빛이 은은하게 내비친다. 왜가리의 날갯짓이 겨울의 마지막 장을 슬며시 넘긴 것일까. 이제 봄이 오려나.

깊은 밤, 책상 앞에 앉아서 한 사람의 생을, 세상에 공개된 적 없는 정교한 거짓말을 활자로 꺼내놓고 있노라면 막막한 어둠 속에 홀로 던져진 것 같은 감각을 느끼곤 한다. 그럴 때면 자문한다.

소설 뭘까,

소설을 쓴다는 것은 도대체 무엇일까.

곱씹을수록 소설은, 소설 쓰기는 알 수 없는 일이 되고 만다.

소설을 쓰며 배운 것이 있다면, 소설에는 시작과 끝이 있다는 사실이다. 한 편의 이야기를 어찌어찌 시작하고, 어떻게든 끝낼 때마다 그 시작과 끝이 마치 이번 생에 내게 주어진 출생과 죽음의 예행연습 같다는 생각을 한다. 다만, 우연히 시작되고, 언제고 끝날 것이라는 사실을 알 뿐, 생이 무엇인지 정확히 알지 못하면서 생을 살아가듯 소설이 무엇인지 정확히 알지 못하면서 소설을 쓰고 있다.

그렇게 모르는 채로.
더 살다 보면, 더 써나가다 보면, 뭐라도 하나 정확히 알게 되려나. 아니면, 그저 질문에 뒤이은 또 다른 질문을 하게 되려나.
정확히 알지 못하는 것, 불가해한 것에 관한 지치지 않는 질문들,
어쩌면 그것이 생일까, 소설일까.

아직 발견되지 않은 수많은 질문이 나를 기다리고 있

고, 그 질문들을 모른 체할 방법을 나는 아직 알지 못한다.

　　이렇게 모르는 채로.

왜일까. 사랑하는 사람의 잠든 얼굴은 왜 가만히 들여다보게 될까.

축 늘어진 무방비한 팔과 다리. 미세하게 오르락내리락하는 목덜미와 어깻죽지, 가슴과 배. 두 개의 콧구멍과 벌어진 입술 사이에서 새어 나오는 다스운 숨, 고유의 리듬으로 흐르는 숨결. 찡그린 미간, 이따금 떨리는 눈꺼풀. 잠은 사랑하는 사람을 어디론가 멀리 데려가는 동시에 고스란히 지금 여기에 남겨둔다. 사랑하는 이의 잠은 그만 들어갈 수 있고, 그만 속할 수 있는 그의 세계, 무엇으로도 잠기지 않았으나 바라보는 이에게는 허락되지 않는 시공간이다.

잠이 든 D의 옆얼굴을 가만히 내려다본다. 얼굴 위로 쏟아진 머리카락을 조심스레 귀 뒤로 쓸어 넘기며 D를, D의 잠을 지켜본다. 코골이가 잠잠해지나 싶더니 잠꼬대가 시작된다.

D의 꿈에는 자주 마귀가 나타난다고 했다. 마귀라니. 처음 그 단어를 들었을 때는 의아했다. 내게는 더이상 종교도 신앙이 없지만, D의 생에는 여전히 신의 가호 또는 징벌의 영향력이 깃들어 있다는 걸 그제야 알았다. 마음이 혼탁한 날이면 사나운 꿈자리가 D를 기다린다. 마귀는 D를 악착스럽게 쫓아와 희롱한다. D는 뭐라 중얼거리며 마귀를 쫓거나 간청한다. 정확히 알아들을 수 없는 애원. 다만, 누군가에게 무언가를 청하고 있다는 것만은 확실히 알 수 있다. D는 뭉개진 혀로 말하는 것처럼 웅얼웅얼한다. 분명 D와 나의 모국어지만 해석할 수 없다.

나는 종종 D가 웅얼거리는 소리를 듣는다. 대개는 대

수롭지 않게 넘기지만, 가끔은 덜컥 겁이 날 때도 있다. 무엇이 그토록 D를 시달리게 하는 걸까, 간절하게 만드는 걸까. 내가 닿을 수 없는, 내가 모르는 세계에서 D는 무슨 연유로 고통받는 걸까. D의 어깨를 잡고 살며시 흔든다. 여기로, 내 곁으로 다시 돌아오기를 바라면서, 그러나 놀라지 않게. 꿈이야, 꿈꾸는 거야, 하고 그의 등 뒤에서 속삭인다. D는 쉽게 깨어나지 않는다. 돌아오지 않는다. 손에 땀이 배고 입술이 마른다. 은근히 초조해진다. 내게는 철저히 비밀에 부쳐질 D의 잠과 꿈. 어쩌면 D가 꿈속에서 괴로워하는 것보다 그 악몽에 관해 나는 영영 알 수 없다는 것이, 함께 나눌 수 없다는 사실이 나를 애타게 하는 것인지도 모른다.

거기에까지 생각이 미치면, 내 안에 숨겨져 있던 이기를 발견할 때면, 나는 괜스레 D의 메마른 손등 위에 내 눅진한 손바닥을 포갠다. 으응. 신음하듯 D가 작게 소리를 낸다. 이윽고 내 손바닥 밑에 있던 자기 손등을 뒤집어 내 손을 맞잡는다. 잠결에 묻는다. 꿈이야? 내가 답한다. 응, 꿈이야. 그 순간, D의 굳었던 얼굴이 조금 풀리는 것처럼 보인다. 미간 주름이 희미해지는 것도 같다. 잠겨 있는 D의 잠, 그 세계의 문지방을 내가 밟고 서 있는 것만 같다.

꿈이야. 그렇게 한 번 더 속삭이면 나는 착각에서 깨어난다, 알아차린다. 그건 내가 나에게 하는 혼잣말, D가 들었으나 듣지 못한 혼잣맘.

글을 쓰겠다고 앉아 있노라면, 책상 앞은 수상해진다. 좁은 방 안에 고인 짙은 고요 속에서, 아무도 모르게, 내 자아는 터무니없이 비대해지다가도 터무니없이 쪼그라든다. 나는 홀로 거대한 태풍이 되었다가 삽시간에 눈에 띄지도 않을 만큼 작은 티끌로 돌변한다. 자기 폭로의 압박이 나를 뒤튼다. 시공간을 비튼다. 아스라이 멀어졌던 지난날이 눈앞에 선명하게 나타나고, 현재를 놓치기 바빴던 과거의 내가 불쑥불쑥 지금 이곳으로 튀어 오른다. 과거의 내가 현재의 나를 만난다. 지금의 내게 눈을 흘기고, 따져 묻고, 멱살을 움켜쥔다. 고개를 돌려버리고 침묵으로 일관한다. 나를 원망하는 걸까. 아니면 내게 원하는 것이 있나. 지금의 나는 과거의 나를 바꿀 수 없다. 받아들여야만 한다. 그럼에도 나는 과거의 나로부터 무언가를 끊임없이 요구받는다. 더, 조금만 더. 다시, 그리고 또다시.

그럴 때면 입버릇처럼 되뇐다. 나를 다독인다.
무엇보다, 주어진 이 삶이 우선이라고
결과라는 것이 매번 좋을 수는 없다고.
그러나 과정은 그럴 수 있다고.

주문처럼 혼잣말을 중얼거린다.
지금의 (어쩌다가 글을 쓰며 살게 된) 나는
내가 잠시 가지게 된
아주 잠깐 맡아둔
누군가를 대신하는 목소리,
쓰임일 뿐.

잊지 마.

가진 것 모두를 제하고 남은

모든 수식어를 지운

텅 비어 있는

고요한

진짜

나를.

제목을 붙이지 못하고 흘려보낸

낱낱의 하루하루

어느덧 이만큼 어느새

이 나이

하루를, 지금까지의 이 생을

대표할 만한 무엇이 있었나

없다

대단한 이름 따위

그날그날을 날카롭게 베고 가는

선명하고 피 붉은 빗금

아프면, 살아 있구나 하며 실감하던 나날

작은 슬픔들과 작디작은 기쁨들

슬픔은 언제나 혼자 오는 법이 없다

외로울 일 없는 슬픔이 품고 오는

모래알만 한

반짝임

까끌까끌한 기쁨

참을 수 없을 때면 터져 나오고 만다

재채기 같은 언어들

갑작스러운 불가항력

숨 끝에서 맴돌며 간질거리는 당신과

당신

당신들

슬픔을 기다리기에 이만한 생은 또 없어서
보잘것없이 자랑스럽게 오늘을 지나쳐 보낸다
오래도록 모은 알갱이들이 한 번에 녹을 날을
남몰래 꼽는다
눈이 시려나
투명하려나
쨍그랑하겠지
슬픔을 산산이 흩어 모으는
맑은 기쁨일 테지

영화관에 가기 위해 종로 방면 버스에 오른다. 예정에 없던 외출이다. 계획대로라면 오늘 밤은 책상 앞에 오래도록 붙박여 있어야 하는 날. 그런 날이지만, 그런 날이어야 한다는 압박감이 되레 외출을 감행하게 만드는 이유가 된다. 좀처럼 없는 일이지만 도무지 일이 풀리지 않을 때는 좀처럼 없는 일을 저지르는 것이 도움이 되기도 하니까. 때마침, 함께 영화를 보러 가지 않겠냐는 친구의 연락이 오기도 해서 덥석 약속을 잡았다.

땅거미가 어둑어둑 지기 시작한 도심. 그 풍경이 내 미래의 전망 같아서 마음이 무거워진다. 해야 할 일을 남겨두고 내빼는 도망자. 지금 내 상황을 머릿속에서 한껏 부풀리다가 그만 부끄러워진다. 내일이 있어, 스스로를 타일러 보지만 뿌리 깊은 불안이 뾰족하게 튀어나와 되묻는다.

내일이, 있어?

영화관이 자리한 언덕길을 오른다.
삼월 같지 않은 칼바람이 옷 속을 파고든다.
친구와 나는 영화 초반 오 분을 놓치고 만다.

우리는 우리에게 남아 있는 백십오 분에 집중한다. 뒤늦게 입장한 우리와는 상관없이 스크린에서는 영화의 시간이 계속된다. 새로운 교황을 선출하기 위해 추기경들이 바티칸으로 모여든다. 그들은 정제된 의복 속에 각자의 욕망과 두려움을 숨긴 채 시스티나 성당에 모여 투표를 거듭한다. 시간이 흐를수록 그들의 믿음은 흔들리고, 의심은 굳어진다. 의심은 믿음의 반대말인가, 적인가. 믿음은 의심을 끌어안고 품을 수 있는가. 믿음은 주어지는 것인가, 스스로 갖는 것인가. 영화는 묻는다. 우리는 영화의 시작을 알지 못한 채로, 제대로 보지 못한 채로 영화의 끝을 본다. 그것은 마치 살면서 맞닥뜨리는 대부분의 일의 본질 같다. 우리 삶, 우리 존재의 본질 같다.

엔딩 크레딧이 올라가는 동안 친구와 나는 자리를 떠나지 않는다. 수많은 이름이 모두 스크린 밖으로 나갈 때까지 조용히 배웅한다. 나는 의자에 등을 기댄 채 뇌리를 스쳐 지나가는 질문들을 붙잡는다. 그리고 요 근래 내 안에서 맴돌기만 하던 물음을 그 질문들과 포개어 본다.

자기 확신과 자기 회의는 반대말인가, 적인가. 자기 확신은 자기 회의를 끌어안고 품을 수 있는가. 자기 확신은 주어지는 것인가, 스스로 갖는 것인가. 자기 확신과 고집은 어떻게 다른가.

나는 자문한다. 그런 내게 영화가 일러준다.

믿음은 의심을 남김없이 떨쳐버린 상태가 아니라 의심을 품은 채로도 믿는 것, 끝내 믿어보는 마음이다. 완벽한 믿음은 없다. 우리 모두가 한 사람의 예외도 없이 완벽하지 않듯이.

선물처럼 힌트를 얻는다. 초조한 나를 집 밖으로 뛰쳐나오게 한 압박감에 대한 실마리를.

문뜩, 때아닌 허기가 밀려온다.

지하 소극장

좁고 가파른 계단을 내려가니 극단의 연습실이자 극장이 나타난다. 신을 벗고 안으로 들어선다. 반듯하고 아담한 공간. 방음재로 마감된 검은 바닥과 검은 벽. 무대의 배경이 되는 정면에는 하얀 스크린이 걸려 있다. 스크린이 마주 보이는 자리에 스무 명 남짓 앉을 수 있는 간이 관람석이 마련되어 있다. 맨 앞줄 중앙 좌석에 앉는다. 관객과 무대 사이의 거리가 예상보다 더 가깝다. 몇 발짝 앞이 무대라니, 괜스레 내가 다 긴장되고 떨린다. 오늘 이곳에서 극단의 워크숍 공연이 열린다. 내가 쓴 단편소설이 연극으로 각색되어 무대에 오른다.

암전

우리는 지금 여기가 아닌 다른 시공간으로 들어가기 위해 반드시 어둠을 통과해야만 한다.

타인의 삶 속으로 내가 들어갈 때도, 내 삶에 타인을 들일 때도 마찬가지다. 나 아닌 존재와 연관될 때 우리는 필연적으로 어둠을 마주하게 된다. 다른 존재를 받아들인다는 것은 그 존재가 지닌 어둠 또한 내 것으로 감당한다는 의미다, 내 어둠과 다른 존재의 어둠을 포개고 섞는다는 의미다. 짧든 길든, 어둠 속에 머물다가 끝내 그것을 통과한다는 것, 그것은 우리 앞에 놓인 불확실성을 기어이 견뎌 내는 일이다.

어둠 속에서 사소한 기척들이 들려온다.

서서히 조명이 밝아진다.

배우가 첫 대사를 내뱉는다.

목소리들

배우의 목소리와 숨소리가 공간에 울려 퍼진다. 소설 속 인물의 말이 목소리를 갖게 되는 순간, 배우는 지금 이곳, 내 앞에 현존하는 인물이 된다. 활자로만 존재하던 이야기가 단 한 번뿐인, 되풀이될 수 없는 시간이 된다. 나는 남몰래 고요한 충격에 휩싸인다. 오래도록 잊히지 않을.

무대

그녀가 빠른 걸음걸이로 공간을 가로지른다. 돌연 멈춰 선다. 뒤를 돌아본다. 두 무릎 사이에 고개를 묻는다. 한숨을 쉬고 울먹이고 침묵한다. 관객들을 바라보며 소리친다.

그녀는 내가 쓴 소설 속의 그녀이면서 동시에 완전히 동일한 그녀는 아니다. 그렇다면 그녀는 대체 누구인가. 익숙하고도 낯선, 생동하는 그녀는 어디에서 왔는가. 나는 말로는 형용할 수 없는 감정을 느낀다. 내가 소설 속에 그녀를 등장시키기 훨씬 전부터 그녀는 이미 존재하고 있었던 것만 같다. 이 순간, 나는 그녀를 안다. 아니, 어느 정도는 안다고 말할 수 있다. 그렇다면 그녀는 나를 알까?

활자와 목소리가, 여백과 몸짓이 뒤섞인다. 시간의 페이지가 차근차근 넘어간다. 조명 불빛이 바뀌며 계절을 불러들이고 내면과 기억의 공간을 꺼내 보인다. 존재함과 존재하지 않음의 경계가 희미해진다.

무대 위에서 발화된 말들, 움직이는 몸들, 숨소리와 발걸음 소리, 섬세한 기척과 공기. 그 모든 것은 이야기로부터 멀리 나아간다. 떠나간다.

다시 암전

커튼콜

네 명의 배우가 환한 불빛 아래 나란히 선다. 우리의

눈길이 마주친 듯도 하다. 서로의 손을 맞잡고 허리를 깊이 숙이며 인사하는 배우들. 이어지는 관객들의 박수. 관객들의 두 손뼉이 마주치며 소리를 낼 때마다 극장을 가득 채우고 있던 연극적인 공기가 조금씩 희박해진다. 배우들의 얼굴에는 소설 속 인물이 더는 남아 있지 않다. 옷은 인물들이 입고 있던 그대로지만 전혀 다른 얼굴과 몸짓이 되어 있다. 마치 무대 뒤에서 맑은 물로 인물을 말끔하게 씻어 내고 나온 것처럼. 배우들 고유의 얼굴이, 눈빛이 관객들을 바라보며 미소 짓는다.

이야기

소설을 쓰다가 막힐 때면, 고작 거짓부렁을 지어내느라 애를 쓰면서 온 세상 근심 걱정을 다 짊어진 듯 구는구나, 하며 홀로 자조하곤 한다. 소설 쓰기가 내게는 너무나 중요한 일이어서 되레 잠깐만이라도 가볍게 여기는 척을 해본달까.

소설 쓰기에는 (수많은 곤란한 점이 있지만 여기에 모두 나열하는 것은 지면 낭비이므로 생략한다) 두 가지 곤란한 점이 있다.

하나는 소설이 허구, 실재하지 않는 이야기라는 것이다. (실제 있을 법하지만 실은) 실재하지 않는 세계와 인물을 만들어 나가는 과정에는 그 허구의 세계가 실제로 내 안에 실재한다는 믿음이 필요하다. 아니 정확히는 믿어야만 가능하다. 터무니없는 소리 같겠지만 실제로는 그렇다. 그런데 이 믿음이란 것을 다른 누군가에게 기대어 볼 수도, 빌려올 수도 없다. 오로지 쓰는 사람만이 그 믿음의 근원이자 증인이다.

다른 하나는, 소설은 누군가에게 (단 한 사람일지라도) 읽히기 전까지는 마치 세상에 존재하지 않는 이야기로, 쓰는 사람만이 간직한 비밀의 상태로 존재한다는 것이다. 때때로 그 사실은 은밀한 희열을 안겨주기도 하지만, 대부분은 한 치 앞도 보이지 않는 캄캄하고 해무 낀 망망대해에 띄워진 자그마한 나룻배에 올라탄 듯한 감각으로 작용한다. 여기 사람 있어요, 소설도 있어요, 소리쳐보지만 늦은 밤 내 작은 방 안에서 공허하게 울릴 뿐이다. 아무도 듣지 못한다. 아무도 듣지 못하는 소리는 소리일까. 아무도 알지 못하는, 읽지 않은 소설은 소설일까.

좀처럼 익숙해지지 않는 이 두 가지 곤란한 점을 끌어안고 겨우겨우 문장을 밀고 나갈 때면 떠올려보는 얼굴이 있다. 먼바다의 등대처럼 언제나 뿌옇고 흐릿하게 떠오르는 얼굴들. 뻥끗거리는 입 모양이 어렴풋이 보이는 것 같기도 하지만 도통 목소리는 들려주지 않는다. 그 얼굴들이 내 허구의 세계를 가만히 건너다보는 것만 같다. 평생을 읽는 사람으로 살아왔건만, 독자의 모습을 구체적으로 그려보기란 쉽지가 않다.

독자들

집으로 돌아가는 길, 아직 눈앞에 선하게 떠오르는 연극의 순간과 장면을 가만가만 되새긴다. 배우들의 얼굴 위로 이따금 떠올려보는 희뿌연 얼굴들이 포개진다, 겹쳐 보인다. 소설 속 인물을 연기한 배우들의 모습에서 알지 못하는 독자들의 얼굴을 상상한다. 발견한다.

만난다.

어딘가에서 살아 숨 쉬고 있을 각각의 고유한 목소리들, 얼굴들, 말투와 표정들을.

걸어 나가는, 돌연 멈춰 서고 뒤를 돌아보는, 두 무릎 사이에 고개를 묻기도 하는 몸들을.

오늘 하루 동안, 소설이 멀리 여행을 떠났다가 다시 내 곁으로 돌아온 것 같은 기분이 든다.

아니 어쩌면 내가 쓴 소설은 줄곧 내 곁에 있으면서도

동시에 나로부터 멀리 떠나가 있는 것인지도 모른다. 그렇게 내게서 멀리 떠나보려고, 나 아닌 누군가에게 닿아보려고 그 긴긴밤들을 함께 울렁울렁 보낸 거였으려나.

화마가 휩쓸고 지나간 산.

살아 숨 쉬던 것들의 제자리가 온통 잿빛이다.

황폐한 잿빛.

산불 기사를 찾아 읽다가 돌연 자리에서 일어난다. 괜히 집 안을 서성거린다. 의자에 등을 기댄 채 편히 앉아 있을 수 없는 몸이 된다. 죄스럽기 그지없다. 빚진 마음을 깔고 앉아 있는 것만 같아서. 마음을 졸인다. 속이 타들어 간다.

산불피해 긴급모금에 기부를 한다. 가만히 앉아 있을 수만은 없었던 사람들, 조금이라도 도움이 되길 바라는 사람들 마음이 거기 모여 있다.

무엇을 할 수 있나, 이럴 땐.
기도뿐인가.

이제 갓 여리고 푸릇한 잎을 틔웠을 크고 작은 나무들, 이름 모를 풀들과 자그마한 곤충들, 어린 짐승들, 불길 속으로 뛰어든 사람들. 미처 피하지 못한 사람들. 그 무수한, 돌이킬 수 없는 생명들.

창문을 열어젖히고 하늘을 올려다본다.
건조한 바람이 야속하게 불어온다.
두 손을 모은다.
눈을 감는다.

신이 있다면

아니, 없다 해도

곳곳의 간곡한 기도들을 모르는 척할 수 있나.

없는 것으로 만들 수 있나.

이토록

이리도

우리 봄이 유난히도 더디다.

어떤 노래에는 내 지나간 한 시절이 묻어 있다. 때때로 흐려지고 짙어지며 겹겹이 덧칠해진 시간들이.

그런 노래들은 전주가 시작되는 순간, 그곳이 라디오가 흘러나오는 버스 안이든 카페나 식당 안이든 상관없이 나를 그때 그 시절로 되돌려 놓는다. 나는 삽시간에 열일곱이 되기도 하고, 이십 대의 한복판을 서 있기도 한다.

그건 빛바랜 옛 사진이나 오래전 받은 편지를 다시 꺼내 볼 때와는 완전히 다른 감각이다. 노래는 몸의 기억, 계절의 기억이다. 나를 둘러싼 공기의 흐름이 달라지고 어디선가 익숙한 냄새가 풍겨오는 듯한 느낌. 어떤 노래는 모기향 같고, 또 어떤 노래는 붕어빵 같다. 비에 젖은 낙엽, 노란 프리지어, 갓 쪄낸 백설기 같은 노래들, 외롭고 허기진 내 속을 토닥이고 채워주던 노래들.

좋아하는 가수의 콘서트에 다녀오는 길, 깊어 가는 밤 친구들과 맥주 한잔을 한다.

소라 언니가 살아 있어서, 지금까지 우리 곁에서 노래해 줘서 너무 고맙다는 이야기를 나눈다. 내내 건강하기를, 오래오래 노래해 주기를 바라는 마음들을 우리끼리나마 터놓는다. 한 가수가 세상에 나와 숨 쉬고 노래하는 동안, 우리들에게 낯선 사람에서 언니가 되어 가는 동안, 우리도 함께 살아왔구나, 언니의 노래에다 더럽고 아름다운 시절들을 함부로 묻히며, 가사의 한 줄 한 줄을 수혈받으며 기어코 살아냈구나.

우리는 이자카야의 창가 자리에 앉아 네 개의 맥주잔을 부딪친다. 무사히 자라나 어른으로 불리며 살아가고 있는 우리를 위해 건배. 뽀얀 거품이 아주 잠깐 일렁인다. 한 모금씩 맥주를 목구멍으로 넘기면서 각자의 뭉클함도 삼킨다.

한 시절을 또 이렇게 흘려보낸다.

우리는 서로 노래에 묻어 있는 각자의 지난 시절을 모른다. 다는 모르지만, 모르는 채로도 다 알 것만 같은 마음이 된다.

사월 사일 오전 열한 시 이십이 분

당연한 결과인 걸 알면서도 마음을 졸였다

이제야 새해인가
이제 봄인가

줄줄이 도착하는 문자 메시지들
맛난 점심을 먹자고, 소화가 잘될 것 같다고
서로에게 울컥울컥 말하고

여전히 마음을 내려놓을 수는 없지만

사 개월 만에

오늘은

일단

평화

친구의 생일 축하 자리를 우리 집에서 갖기로 했다. 생일은 이미 보름이 지났지만, 조촐하게 모여 한잔하기로 했다. 생일을 맞은 친구가 와인을, 다른 친구가 초리조를 가져오기로 해서 나는 친구들이 머물다 갈 공간을 준비한다.

먼저 창을 열어 집 안 공기를 바꾼다. 빗소리와 함께 상쾌한 바람이 불어온다. 이제 막 피어난 봄꽃들이 빗줄기에 아깝게 다 떨어지려나. 청소기를 돌리고 걸레로 바닥을 훔치며 봄꽃의 안부를 궁금해한다. 화장실은 가볍게 물청소를 하고 휴지통을 비운다. 휴지걸이에 걸어둔 휴지의 맨 끝 칸을 삼각형으로 접는다. 손님을 맞이하는 나만의 작은 즐거움이다. 구석에 세워두었던 넓은 탁자를 방 가운데로 옮기고 방석을 꺼낸다. 동선에 걸리적거리지 않게 화분도 옮긴다. 사용할 와인잔과 컵도 미리 꺼내 닦아둔다. 마지막으로 함께 마실 차를 준비한다. 몇 달 전 선물로 받은 귀한 호지차를 내놓기로 한다.

지난 십 년 동안, 여러 친구가 이 집을 다녀갔다. 외진 동네에 있는 이 작은 집에 심심치 않게 모여 서로의 곁이 되어 주곤 했다. 함께 밥을 해 먹거나 배달 음식을 시켜 먹었다. 맥주와 와인을 많이도 마셨다. 간혹 소매를 걷어붙이고 둘러앉아 만두를 빚기도 했다. 늦은 밤까지 이야기를 나누다가 친구에게 이부자리를 펴주기도 했다.

다시 없을 시절들, 계절들.

그때도 어렴풋이 느끼긴 했지만 돌아보니 더욱 그렇다. 각자가 품은 어떤 불안과 쓸쓸함, 우연이 만들어 낸 한 번뿐이었던 순간들. 또 보자는 약속을 잊지 않고 다시 만나도, 모든 것이 전과 똑같을 수는 없었다. 우리 각자는 매일 조금씩 저도 모르게 변하고, 때문에, 우리라는 모양도 달라질 수밖에 없었다. 그 시간은 되풀이될 수 없다. 그때의 우리도, 우리 각자도 마찬가지.

십 년이라는 세월이 지나는 사이, 점차 각자의 생활이 분주해지고, 사는 곳의 거리가 멀어지기도 하면서 이 집에 모이는 일이 차츰 줄어들었다. 그건 아주 자연스러운 흐름이었다. 우리들 삶의 환절기를 통과하는 일이었다. 함께하는 시간보다 각자만의 시간이 더욱 필요해진 우리.
    그렇게 나이를 먹는다. 따로 또 같이.

밤 열 시가 넘어 친구들이 집으로 돌아갈 채비를 한다. 어질러진 그릇들을 모으며 설거짓거리가 많아 어떡하냐고 걱정스러워한다. 나는 괜찮다고, 그대로 놔두고 가라고 답한다. 안녕, 안녕, 속삭이며 현관문 앞에서 손을 흔드는 친구들. 문이 열렸다가 닫히고 도어락이 잠기는 소리가 난다. 현관문 앞에서 계단을 내려가는 친구들의 발걸음 소리가 점점 희미해지는 것을 듣는다.

다시 창문을 연다. 얘기를 나누며 골목을 빠져나가는 친구들의 목소리가 들리는 듯하다. 나는 탁자 위에 남겨진 빈 접시와 유리잔을, 다섯 시간 남짓 우리가 함께했던 흔적들을 내려다본다. 늦은 밤, 혹여 이웃에 폐를 끼치는 건 아닐까 싶어 조용히, 조심스럽게 설거지를 한다. 수세미에 거품을 내 그릇을 닦는다. 서두르지 않는다. 하나하나 꼼꼼하게 문지른다. 내게는 친구들이 쓰고 간 그릇과 수저를 뜨거운 물로 말끔하게 씻어내는 일까지가 친구들과 함께하는 시간이다. 와인잔을 물로 헹구며 투명한 유리에 우리가 나눈 대화를, 웃음을 비춰본다. 동시에 되새긴다. 오래된 사이라고 해서 언제까지나 당연한 사이는 아니라는 것을, 친구들과 쌓아온 이십 년 넘는 세월도 이 얇고 투명한 유리처럼 언제든 깨질 수도 있다는 것을 잊지 않으려고 한다. 마지막 하나 남은 접시의 거품을 남김없이 씻어내고 싱크대에 묻은 물기도 행주로 닦는다. 건조대 위 그릇들이 깨끗하다. 반짝거린다. 설거짓거리를 남겨두고 간다며 미안해하던 친구들에게는 말하지 않았지만, 나는 친구들이 집으로 돌아가고 혼자 남아 하는 설거지를 은근히 좋아한다. 천천히 우리를 되짚어보는 시간을, 모든 것이 있어야 할 제자리에 놓여 있는 것만 같은 기분을.

일 년 전쯤 비문증 진단을 받았다.

안과병원에서 진단을 받기 전에는 눈의 문제가 아닌 눈앞의 문제라고 생각했다. 안경에 생긴 흠집, 속눈썹에 붙은 티끌, 거뭇한 실연기, 자꾸만 날아드는 작은 벌레 등으로 오인했다. 씻어내도 사라지지 않고 온종일 눈앞을 맴돌았다. 맑은 하늘을 올려다보거나 하얀 벽을 마주하면 어김없이 거뭇하고 가는 그림자 같은, 뭔가 불길한 징조 같은 그것들이 시야를 방해했다.

이삼일이 지나도 증상이 나아지지 않아 병원을 찾았다. 안약을 넣고 병원 이곳저곳을 돌며 여러 검사를 받았다. 마침내 원장 선생님 앞에 앉았을 때 그는 모니터에 시선을 고정한 채로 짧게 말했다. 비문증이네요. 그는 내 과거 진료 기록을 잠시 살폈다. 두 돌 즈음에 이곳 안과병원에서 백내장 수술을 받았고, 선천적으로 크기가 조금 작은 안구와 눈동자로 평생 안구진탕증을 안고 살았던 내 눈의 이력이 어떤 말들로 어떻게 쓰여 있을지 몹시 궁금했다. 특별히 다른 문제는 없네요. 불편한 데는 없죠? 원장 선생님은 초조해하는 내 얼굴을 힐끔 보더니 말을 이었다. 출혈은 아니고, 간단하게 말하면 유리체에 단백질 찌꺼기 같은 게 낀 거라고 보면 돼요. 눈이 따끔거리는데요. 그건 건조해서 그래요. 그래도 눈을 비비지는 마세요. 비문증이라는 게 없어지기도 하나요? 내 질문에 그는 잠시 망설이는 듯하다가 대답했다. 아, 지금으로서는 수술적 치료를 권하지는 않고요. 이게, 지내다 보면 또 적응이 되고 그런 건데, 그럴 수도 있겠죠.

얼마 뒤에 나는, 매우 높은 확률로 그럴 수는 없다는 것을 알게 됐다. 그리고 선생님이 내게 그렇게 답한 이유도 어느 정도 이해가 갔다.

갑작스러운 불청객의 등장에 심란해지는 건 어쩔 도리가 없었다. 그 와중에 참 이상한 건, 달갑지 않은 그것들을 오히려 더 집중해서 보게 된다는 사실이었다. 다른 일을 하다가도 괜히 고개를 들어 하얀 벽을 쳐다보고, 책을 읽다가도 여백을 바라봤다. 불청객이 아직 거기에 있는지 확인이라도 하려는 사람처럼. 그것들은 사라지지 않고 틀림없이 오른쪽 눈에 있었다. 답답한 내 심정과는 상관없이 유영하듯 자유롭게 떠돌아다녔다. 한동안은 책이나 모니터를 보다가도 걱정이 밀려들었다. 이대로 괜찮은 걸까, 눈에 인공눈물을 떨어뜨리며 되뇌었다. 내가 하는 일이라곤 종일 흰 종이와 흰 화면을 보는 것뿐인데.

계절이 네 번 바뀌어 다시 봄이다.

그것들은 여전히 나와 함께 있다. 브로멜라인과 아스타잔틴을 꾸준히 챙겨 먹고 있는데, 효과가 있는 듯도 하고 없는 듯도 하다. 일 년 전만큼 염려되거나 불안하지는 않다. 지내다 보니 적응이 된 것인지 대개는 크게 신경 쓰지 않고 지낸다. 그러면 그것들도 조금은 희미해진다. 멀어진다. 꼭 그런 것만 같다.

어느 날인가, 영하의 날씨에 천변을 산책할 때였다. 뺨을 할퀴는 차가운 바람에 맞서며 걸어가는데 문득 그런 생각이 들었다. 이 비문증이 내게로 온 암시일지도 모른다고, 삶이 내게 이런 말을 일러주려는 것인지도 모른다고.

네가 종일 하는 일은 흰 종이와 흰 화면을 보는 일이 아니야. 흰 종이에 쓰인 활자들을, 그 속에 숨어 있는 삶들을 읽어내는 일, 언젠가 읽힐 이야기를 흰 화면 속에 써나가는 일, 누군가에게 네가 쓰이는 일이야.

네가 봐야 할 것을 봐.

제대로, 똑바로, 다시 봐.

네게 닥쳐오는 것, 그 모두를 그런 눈으로 봐.

눈앞에 아른거리는 그것들이 날아드는 모기의 기척처럼 내 귀에 대고 그렇게 속삭이는 듯했다.

내 눈의 문제가 맞았다.

불청객을 어떻게 바라볼 것인가, 하는 문제.

오늘부터 오른쪽 눈에서 쉼 없이 유영하는 그것들에게 이름을 붙여주기로 한다. 앵앵이.

나의 앵앵이들.

미루고 미루던 일을 오늘에야 한다.

서랍의 가장 안쪽, 밑바닥에 모아두었던 보내지 못한 편지들을 꺼내 버린다.

편지를 버릴 때는 손으로 찢지 않고 가위로 자른다. 구형 문서세단기를 통과한 종이처럼 길고 가늘게, 되도록 가지런하게 자르려고 애쓴다. 보내지 못한 마음과 받지 못한 이름에게 예를 갖추듯이.

짧게라도, 뒤늦게라도 답장을 해주기를 바라며 편지를 써 건네던 때가 내게도 분명 있었다. 내 설익은 말들이 상대에게로 가서 그저 곤란하고 뜨겁기만 한 무엇이 될까 봐 애를 태우던 때가.

답장을 받지 못할 것을 알면서도 아니, 어쩌면 너무나 잘 알아서 편지를 보내고야 말았던 시절도 있었다. 내 알량한 애정을 어떻게든 증명해 보이려고 안달했던 숱한 봄밤.

오랜 세월, 편지를 참 많이도 썼다.

아낄 줄도 모르고 썼다.

이따금 생각한다. 내 축축한 손을 떠난 그 수많은 편지는 어떻게 되었을까. 버리기에도, 간직하기에도 곤란한 무엇이 되어 낡아 버렸을까.

차라리 버려졌기를, 썩어 사라졌기를.

가윗날이 자르고 간 자리가 갈기갈기

우리 사이에 놓인 갈라진 시간

보내지 못해서, 보내지 않아서

내 안에서 영영 떠나보낸 말들, 마음들.

보내지 못하고 않아도 그것으로 충분하다.

어쩌지 못하는 그리운 마음이

그것으로 되었다는, 된다는

답장을 보내온다.

요즘은 삶의 면면을 단순하고 작게 꾸리며 지내려고 노력한다. 불필요한 소비와 인간관계, 지나친 걱정 근심 같은 것들을 줄이려고 한다. 반면 애써 줄이려고 하지 않는데 나이를 먹으며 점점 줄어드는 것들도 있다. 식사량, 주량, 밤샘, 가까운 사람들과의 만남, 말수, 헛된 기대, 뿌리 깊은 미움. 줄어든 것들의 목록에는 편지 쓰기도 있다.

그리움은 줄어들지 않는다.

줄이지 못한다.

내내 여전하다.

다만 그리움의 방식이 나이를 먹어 간다.

종일 꼼짝없이 몸을 앓는다. 점심나절도 지났는데 도통 몸을 일으키지 못한다. 몸이 갈수록 무거워져서 매트리스 속으로 가라앉는 기분. 멀거니 창가를 바라본다. 닫힌 암막 커튼 틈으로 햇빛이 새어 들어온다. 어둠과 어둠 사이의 가느다란 빛이 참 환하게도 빛난다. 좀 더 어둠 속에 머물러 있고 싶은데, 창가가 너무 멀다. 창문이 아득하게 먼 것만 같다.

창밖 세상은 봄기운으로 들썩인다.

꽃 멀미, 봄 난리.

환절기에 잘 아프지 않냐고, 몸조심하라던 친구의 걱정에, 그래도 요즘에는 괜찮은 것 같다고 대답한 지 열흘이나 지났을까. 자만이었나 싶다. 여전히 고질적인 병을 떨쳐내지 못한 걸까. 기어이 봄 몸살인 건가.

무슨 조홧속인지, 겨우내 봄을 기다렸다가도 봄의 얼굴이 불쑥 눈앞에 나타날 때면 나도 모르게 뒷걸음질 치는 몸. 남몰래 오매불망 고대했으면서 막상 선뜻 반기지 못하는 마음.

시간을 천천히 사는 늦된 사람이 계절을 받아들이는 방식은 언제나 엇박자.

지난 사흘 동안, 오랜만에 그리운 얼굴들을 만나고 온 일도 봄 몸살에 영향을 준 모양이다.

우리의 얼굴이 서로를 향해 서슴없이 개화하던, 꽃 멀미 같던 순간들, 서로에게 봄이 되어 주며 한껏 봄 속에 머물던 느린 오후들, 내 안에서 봄물처럼 터져 나오던 말들, 너무도 많은 말.

그럼에도, 그 보드랍고 눈부신 자리에서 다는 꺼내 보일 수 없었던, 깊고 그늘진 곳에서 여태 얼어붙어 있는 땅 같은 내 속내.

아마도 그건 나만의 일은 아니었을 것이다.

너무 많은 말이 빠져나간 자리를 고요로 채운다. 누인 몸속으로 서서히 밀려드는 봄꽃 같은 얼굴들, 이름들. 가만히 두 눈을 감는다.

이따금 엄마는 꽃이나 꽃나무 사진을 메시지로 보내온다. 아무런 말도 보태지 않고 사진만 연달아 두세 장씩.

늦은 점심을 먹고 설거지를 마쳤을 때 엄마에게서 메시지가 와 있었다. 오늘 보내온 사진은 이제 막 홍자색 꽃망울을 맺은 서부해당화 사진 두 장과 연둣빛 잎이 돋기 시작한 벚나무 사진 한 장. 지난 이틀 내내 비가 내린 덕인지 꽃나무 가지 사이로 보이는 하늘이 무척 청명하다. 역시나 오늘도 사진 말고는 다른 말은 없다. 며칠 전에는 제비꽃과 만개한 벚꽃 사진을 보내왔었다.

엄마가 사진을 보내올 때면 나는 그 속에 숨겨져 있는

안부의 말들을 발견하곤 한다.

　　딸, 잘 지내나? 밥은 먹었나? 뭐 하노.

　　내는 잘 있다. 꽃 예쁘제? 사진 잘 찍었제?

　　엄마는 다 커버린, 어른이라 불리게 된 딸을 조심스럽게 대한다. (어느 날 불현듯 틈입해 올 때도 있지만) 언제부터였을까. 다 큰 딸은 엄마가 정확히 언제부터 그랬는지 눈치채지 못한다.

　　나는 사진에 대한 답장으로 산책 나갔을 때 찍어둔 천변 풍경이나 꽃 사진을 보내기도 하고, 보낼 사진이 마땅치 않을 때는 짧은 대답과 함께 하트를 날리는 캐릭터 이모티콘을 보낸다.

　　예쁘네.

　　곱다.

　　그러면 얼마 지나지 않아 메시지 옆에 표시되어 있던

작고 노란 숫자 일이 사라진다.

엄마의 프로필 사진은 활짝 핀 한련화인데 나는 그 사진이 언제부터 프로필 사진으로 쓰였는지, 어디에서 찍은 것인지 모른다. 아무것도 하지 않으면 아무 일도 일어나지 않는다, 라고 적힌 상태 메시지도 마찬가지다. 그 문장을 쓰던 엄마의 마음이 어떤 상태였는지 모른다.

꽃을 찍으러는 혼자 나갔을까, 친구와 갔을까, 언제 어디에서 찍은 걸까, 아무것도 하지 않으면 아무 일도 일어나지 않는다는 말은 어디에서 보았을까, 그 문장이 엄마 마음에 들었던 걸까, 아니면 엄마의 다짐 같은 것일까.

나는 그런 물음표들을 머릿속으로 줄줄이 떠올리지만 엄마에게 직접 물어보지는 않는다.

내게 일어나는 여러 크고 작은 변화들을 어떤 기미로

알아차리면서도 묻지 않고 모른 체하는 엄마처럼, 그저 하고 싶은 말들을 꽃과 꽃나무 사진으로 에둘러 전하는 엄마처럼, 나도 묻지 않는다. 그저 예쁘다고 곱다고 답한다.

불현듯 아주 오래전 기억 하나가 떠오른다.
딸하고 친구처럼 지내고 싶다는 엄마 말에 다 컸다며 매사 뻗대던 딸은 대답한다. 에두르지 않는, 순순하지 않은 말로. 딸은 딸이지, 친구가 아니야. 친구가 될 수 없어.
그 말을 뱉고야 말았던 그날의 딸을 나는 떨치지 못한다. 여전히 딸인 내가 잊히지 않는다.

일어나자마자 창문을 열어젖히고

말간 하늘을 올려다본다

십일 년 전 오늘을 위해

십일 년 전부터 한 해 한 해 계속되어 온

오늘을 위해

오늘 함께 이 지상에 있어야 했을

모든 이름을 위해

눈을 감고 두 손을 모은다

부디 평안하기를

우리가 간절히 바라는 일들은 어김없이

오보로 밝혀진다

그날처럼

이 세계는 여전히 그렇다

용서받을 수 있을까 이 세계는, 우리는

천변에서 쑥 뜯는 아주머니를 보았다. 개천과 산책로 사이, 이제 막 우거지기 시작한 풀밭 속에 꿈틀거리는 연분홍색 등이 있었다. 뭘 저리 하시나 힐끔 쳐다보니 왼손에는 쑥을 한 움큼 움켜쥐고 오른손으로는 능숙하고 날래게 쑥을 뜯고 계셨다. 좀처럼 펴질 줄 모르는 등허리. 뒷모습인데도 뭔가 신이 나 보였다. 쪼그려 앉은 아주머니 뒷모습에서 엄마가 보였다.

엄마는 먹을 수 있는 풀이라면 뭐든 일단 뜯고 싶어 한다. 무심코 지나가던 길에서 혹독한 겨울을 견뎌 내고 올라온 풀들을 우연히 만날 때면 오래 그리워한 친구를 환대하듯 몸이 먼저 그쪽으로 향한다. 내 눈에는 잘 띄지 않는 풀들이 엄마 눈에는 잘도 띈다. 땅 위에 봄이 한가득 올라온 요즘, 엄마도 어딘가에 쪼그려 앉아 정신없이 쑥을 뜯고 있으려나. 절로 나오는 콧노래를 흥얼거리고 있으려나. 봄이 오면 엄마는 분주하다. 나물 뜯으랴, 꽃 사진 찍으랴.

언젠가 친구들과 수다를 떨다가 본가에 있는 냉장고 대수에 관해 이야기를 나눈 적이 있다.

우리 엄마네는 세 대. 우리도 김치냉장고까지 하면 세 댈걸? 두 분 사시는데 왜 세 대나 필요할까? 야, 우리 엄마네는 네 대야. 어? 진짜? 그것도 부족하대. 맞아, 그런데도 냉동실 열어서 이거 뭐냐고 물어보면 모른대. 다 비슷하구나.

본가를 엄마네라고 표현하는 우리도 우스웠지만, 그보다는 각자의 엄마네에 있는 냉장고 대수가 더 놀라웠다. 냉장고가 여러 대여도 엄마들은 부족하다고 느낀다는 공통점

까지.

    어릴 적, 공원이나 산길에서 엄마가 채집 욕심을 부릴 때면 나는 엄마 뒤에 멀거니 서서 딴청을 피웠다. 여기도 있네, 저기도 있네, 하며 신난 엄마와는 달리 나는 사람들 눈에 띄지는 않을까 조바심이 나고 왠지 창피하기도 해서 잠자코 기다리다가도 결국에는 한마디 쏘아붙이곤 했다. 이제 가자. 그만 뜯어, 응? 내가 툴툴거리면 엄마는 여전히 쑥을 뜯으며 웃음기 가득한 얼굴로 대답하곤 했다.
    못 먹고 자라 그래.
    엄마의 그 말은 곧장 내 입을 다물게 했다. 매번 나를 조금 주눅 들게 했다. 콕, 하고 마음을 찔러왔다. 내가 누리지 못한 것들은 두고두고 마음속으로 헤아려보면서 엄마가 누리지 못한 것들은 짐작조차 하지 못하는 나를 발견하게 했다.

어린 시절의 결핍, 결핍과 연결된 기억은 한 사람의 삶에 얼마나 영향을 미치는 걸까.

얼마나 깊이, 얼마나 오랫동안.

어른이라 불리는 나이가 되었을 때, 아마도 갓 스무 살을 넘겼을 즈음에 나는 내 어린 시절은 완전히 지나갔다고, 그 시절은 이제 먼 과거에 머물러 있을 뿐이라고 섣부른 결론을 내린 적이 있었다. 그때의 나는 지금보다도 훨씬 더 나 자신을 어른으로 여겼던 것 같다. 그러면서도 자유로워야 할 때 불안해했다. 매일 흔들리면서 흔들리지 않으려고 눈을 부릅떴다. 부러지지 않으려고 안간힘을 썼다. 가진 것 하나 없으면서 무겁기만 했다. 그 무거움이 어른스러움이라고 착각했는지도 모른다. 스스로를 그렇게 여겼다는 사실 자체가 아직 어른이 되지 못했다는 방증이라는 것을 알지 못한 채.

살아온 나날이 쌓여갈수록 알아차리게 된다. 한 사람의 삶은 어렸던 나의 생각처럼 선형적으로 흐르는 게 아니라는 것을. '오래전에 있었던 일'로 남겨지지 못한 기억들이 현재에도 난데없이 나타나고 끼어들곤 하니까. 나이를 먹는다고 해서 죄다 멀어지고 흐릿해지는 것은 아니었다. 어떤 기억들은 오히려 믿을 수 없을 정도로 또렷해진다. 현재로 생생하게 닥쳐와 뒤섞이고 포개진다. 어쩌면 우리 삶의 시간은 여러 겹으로 덧칠해진 유화 같은 것일지도 모른다. 아직 기억이 덜 마른자리를 건드리면, 그 위에 다른 기억을 섣불리 덧칠해버리면, 번지고 마는, 밑에 색이 드러나 보이고 마는.

사람은 나이를 먹을 뿐 어른이 되지 않는다.

어디에선가 들은 이 말을 자주 떠올리는 요즘.

못 먹고 자랐다는 엄마의 어린 시절을 나는 빛바랜 사진 몇 장으로 엿본다. 사진 속 시골 소녀는 엄마를 닮은 것도 같고 엄마와는 아무런 상관도 없는 사람인 것도 같다. 소녀는 아직 짐작하지 못한다. 먼 훗날 산길에서 쑥을 뜯으며 신이 날 거라고는, 멀찍이 선 딸아이에게 못 먹고 자라 그래, 하며 웃어 보이게 될 거라고는, 냉장고 세 대를 가득 채우고도 공간이 부족하다고 느끼게 될 거라고는. 그 단발머리 소녀가 여전히 엄마 안에 살아 숨 쉬고 있다고 상상하면, 손에 흙을 잔뜩 묻히고서 헤실헤실 웃는 모습을 그려보면, 그저 입을 다물게 된다. 가만히 고개를 끄덕여주고 싶어진다. 쑥을 뜯느라 여념 없는 그 애 뒤에 서서 자그마한 그 애 등을 가려주고 싶다. 아니 두 손바닥을 모아 작은 소쿠리를 만들어주고 싶다. 맘 놓고 뜯으라고 말해주고 싶다.

저마다의 지난한 하루하루

달콤하고도 몹시 쓴

슬픔과 기쁨의 범벅

단 한 번뿐인 미지의 삶을

어떤 말로 대표할 수 있나

대표될 수나 있나

섣불리 제목을 붙이지 않으려고

이 삶을 나 아닌 누군가에게

보이기 위해 애쓰지 않으려고

오래도록

찬찬히 들여다본다

되도록 보드랍게, 조심스럽게

평범 앞에 내내 겸허하다

고맙다

모든 무제의 날들에

넉넉하여 부족함 없는 상태가 아니라

한껏 차서 가득하길

풍족이 아닌 충만

다다

이게 전부다

말할 수 있는, 아니

말하는 마지막을

그뿐

제목 없는 나날

copyright ⓒ 시절, 2025

1판 1쇄 | 2025년 6월 27일

글
안윤

펴낸이 | 오종길

표지 디자인 | 박주현
내지 디자인 | 김현경

출판등록 | 2023년 7월 20일 제 2023-000072호
이메일 | sijeol.book@gmail.com
SNS | @si.jeol.book

ISBN 979-11-988531-6-5(02810)

*이 책의 판권은 시절에 있습니다.
*이 책 내용의 전부 또는 일부를 재사용하려면
 반드시 펴낸곳을 통한 서면 동의를 받아야 합니다.